:하프
하루 만에 프로그래밍 끝내기

# 하루 만에 프로그래밍 끝내기

김현철 · 김수환 · 성정숙 지음

**하루 만에
프로그래밍 끝내기**

**초판 발행** 2016년 3월 11일
**제1판 2쇄** 2016년 4월 11일

**지은이** 김현철 · 김수환 · 성정숙
**펴낸이** 김승기
**펴낸곳** (주)생능출판사 / **주소** 경기도 파주시 광인사길 143
**출판사 등록일** 2005년 1월 21일 / **신고번호** 제406-2005-000002호
**대표전화** (031)955-0761 / **팩스** (031)955-0768
**홈페이지** www.booksr.co.kr

**책임편집** 최일연 / **편집** 신성민, 김민보, 손정희 / **디자인** 유준범
**마케팅** 백승욱, 심수경, 최복락, 최권혁, 백수정, 김민수, 최태웅, 김민정
**인쇄** 성광인쇄(주) / **제본** 은정제책사

ISBN 978-89-7050-868-9
값 15,000원

- 이 도서의 국립중앙도서관 출판예정도서목록(CIP)은 서지정보유통지원시스템 홈페이지(http://seoji.nl.go.kr)와 국가자료공동목록시스템(http://www.nl.go.kr/kolisnet)에서 이용하실 수 있습니다.
  (CIP제어번호: CIP2016004963)
- 이 책의 저작권은 (주)생능출판사와 지은이에게 있습니다. 무단 복제 및 전재를 금합니다.
- 잘못된 책은 구입한 서점에서 교환해 드립니다.

- 본 교재는 미래창조과학부 및 정보통신기술진흥센터의 실전적 SW 교육사업(SW 중심대학)의 결과로 수행되었음.
  (R-20150902-002161)

# 머리말

## 처음 디지털 세상의 문을 두드리는 이들에게...

코딩(프로그래밍) 교육이 최근 큰 인기입니다. 영국은 2014년부터 5세~16세의 모든 학년에서 코딩을 의무적으로 가르치는 교육 개혁을 시작했고, 핀란드 등의 북유럽과 프랑스, 미국의 학교에서도 프로그래밍 교육 열풍이 놀라울 정도로 뜨겁습니다. 우리나라도 중학교에서는 2018년부터 프로그래밍을 필수로 가르치기로 하였습니다. 대학에서도 마찬가지입니다. 최근 주요 대학교들의 컴퓨터 및 소프트웨어 관련 학과의 인기가 급상승하고 있습니다. 미국과 유럽의 유명 대학에서도 마찬가지의 현상이 나타나고 있습니다. 더 흥미로운 것은 전공자뿐만 아니라 비전공자, 즉 인문·사회계 학생들과 경영계 학생들 대부분이 소프트웨어에 대해 매우 큰 관심을 가지고 있다는 것입니다. 주요 대학의 컴퓨터과학 관련 과목에 타전공자들의 수강률이 50%를 넘는다는 기사도 나옵니다.

최근에는 프로그래밍이 대학 교양 수업으로 제공되기 시작하였습니다. 가장 많이 알려진 것은 하버드 대학의 CS50이라는, 비전공자를 대상으로 하는 Computer Science 입문 과목입니다. 이 과목은 지금 하버드 대학에서 가장 많은 학생들이 수강하고 있는 최고의 인기 과목이 되었습니다. 또한 실리콘밸리의 중심에 위치한 스탠퍼드 대학교의 졸업생들의 95%가 졸업 전에 자신의 전공과 관련 없이 컴퓨터과학 관련 수업을 듣는다는 이야기도 있습니다. 고려대학교에서도 2015년 일반 교양과목으로 개설된 '데이터로 표현하는 세상' 수업에 430명이 수강 신청하여 단일 과목으로는 가장 많은 학생들이 듣는 과목이 되었습니다. 코딩(프로그래밍)은 이제

일부 전공자들이 알아야 하는 것이 아니라, 모든 사람이 필수로 알아야 하는 일반 지식의 수준이 되어가고 있습니다.

그런데 왜 모든 사람들에게 프로그래밍을 배우는 것이 필요해졌을까요? 그 배경에는 경제 패러다임의 변화가 있습니다. 19세기 산업혁명으로 농업경제에서 산업경제로 패러다임이 변화한 것처럼, 21세기를 맞은 현재는 산업경제에서 디지털 경제로 패러다임이 변화하고 있습니다. 이 근본적인 변화는 사회와 산업, 그리고 직업에 큰 변화를 주기 때문에 우리는 기존과는 다른 새로운 역량이 필요합니다. 산업혁명으로 산업경제가 시작될 때 새로운 역량 교육을 위하여 수학과 과학이 일반 보편 교육으로 들어왔던 것처럼, 디지털 경제에서는 디지털 세계를 보는 관점, 정보로 세상을 관찰하고 분석할 수 있는 능력, 새로운 가치를 만들어 내는 창조 능력, 공유와 협업 능력 등의 역량이 필요합니다. 이러한 역량은 컴퓨팅 사고(Computational Thinking)에 의해 길러지는데, 프로그래밍(코딩) 연습은 그러한 컴퓨팅 사고를 직접 키워 줍니다. 프로그래밍은 우리가 세상을 바라보는 관점을 새롭게 해 줄 것이고, 디지털 경제 시대를 살아가는 우리에게 필수적인 능력이 될 것입니다.

이 책은 프로그래밍을 처음 접하는 학생들을 위하여 몇 가지 프로그래밍 언어를 가볍고 쉽게 소개하고 있습니다. 즉, 프로그래밍이 무엇인지, 프로그래밍을 어떻게 하는 것인지, 프로그래밍을 통하여 우리가 살고 있는 세상을 디지털의 관점으로 새롭게 바라보는 능력을 배우게 하고자 합니다.

여러분은 이제 디지털 세상의 문을 두드린 것입니다. 이 책을 통해 프로그래밍을 알고, 프로그래밍을 직접 해 보면서 디지털 세상의 문제를 해결하려는 사람이 되었으면 합니다. 좀 더 나아가 좋은 세상을 위한 새로운 가치를 만들어 내는 사람이 될 수 있길 바랍니다. 이 책이 나오기까지 전폭적인 지원과 노력을 해 주신 생능출판사 최일연 이사님께 다시 한 번 감사드립니다.

2016. 2. 22.
저자 김현철, 김수환, 성정숙

# 이 책의 활용

이 책은 프로그래밍을 전혀 모르는 초보자들이 쉽고, 재미있게 프로그래밍을 경험해 볼 수 있도록 구성한 책입니다. 엔트리, 스크래치의 블록형 프로그래밍 언어와 HTML, 자바스크립트, 파이썬의 텍스트형 프로그래밍 언어를 그야말로 맛볼 수 있도록 하였습니다. 이 프로그래밍 언어들의 '시작하기'부터 여러 프로젝트를 단계별로 따라하다 보면 프로그래밍을 하는 모습을 나도 모르게 발견하게 될 것입니다. 하지만 명심할 것은 눈으로만 보지 말고 직접 입력 등을 하며 실행해 보아야 합니다.

각 프로그래밍 언어의 실습 내용은 다음과 같이 구성되었습니다.

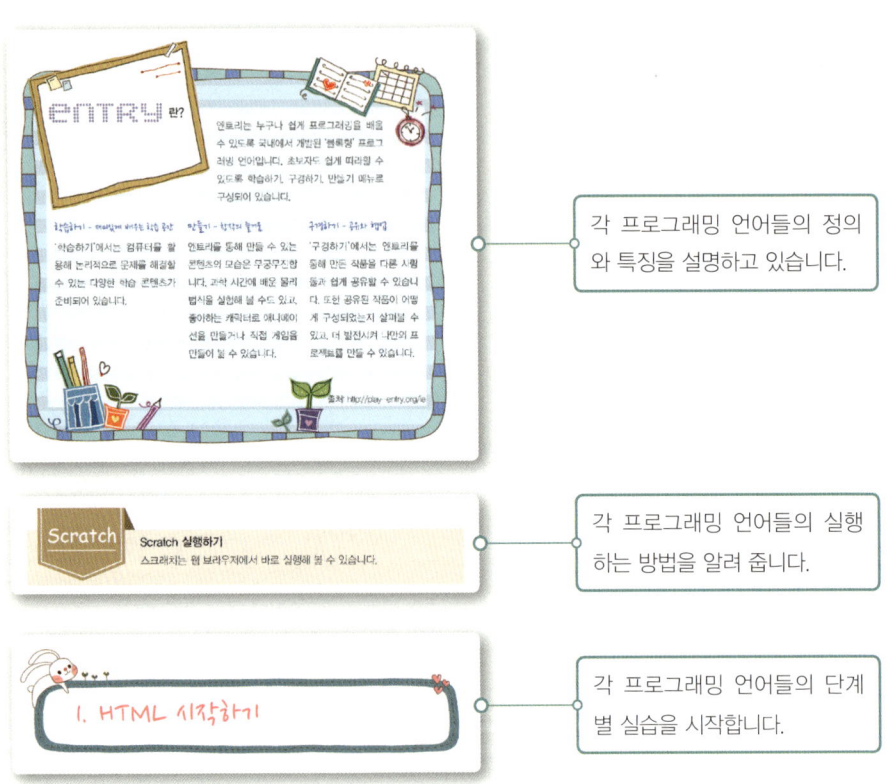

각 프로그래밍 언어들의 정의와 특징을 설명하고 있습니다.

각 프로그래밍 언어들의 실행하는 방법을 알려 줍니다.

각 프로그래밍 언어들의 단계별 실습을 시작합니다.

익스플로러나
크롬에서도
열립니다.

<!-- 설명 내용 -->은
html에서 코드에 대한 설명
(주석)을 써 줄 때 사용해
요. 주석은 코드로 볼 때만
나타나고 브라우저창에서는
나타나지 않아요.

이제 html 구조에
익숙해졌으니, 이 문서가
html 문서라는 것을 알려
주는 것이 좋아요.
<!doctype html>이 바로
html 문서라고 알려 주는
것이에요.

실습 내용의 핵심을 알기 쉽게 설명합니다.

내용이 어렵거나 놓치기 쉬운 부분을 친구가 설명해 주듯이 알려 줍니다.

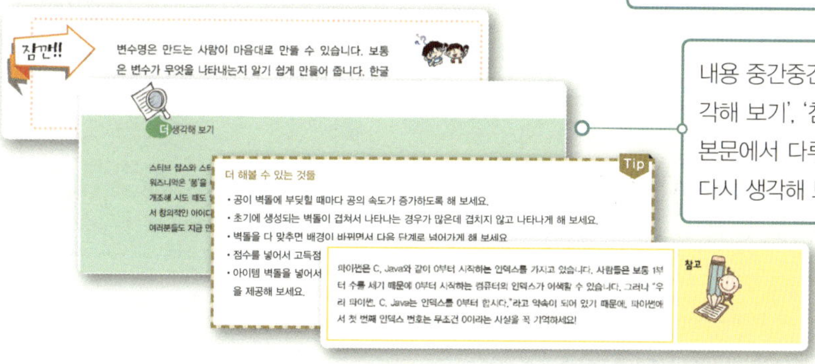

내용 중간중간에 '잠깐', '더 생각해 보기', '참고', 'Tip'을 주고 본문에서 다루지 못한 내용을 다시 생각해 보게 합니다.

여러분이 어느 수준에 있는지 생각해 보고, 자신의 수준에 맞는 순서로 학습하는 것이 좋습니다.

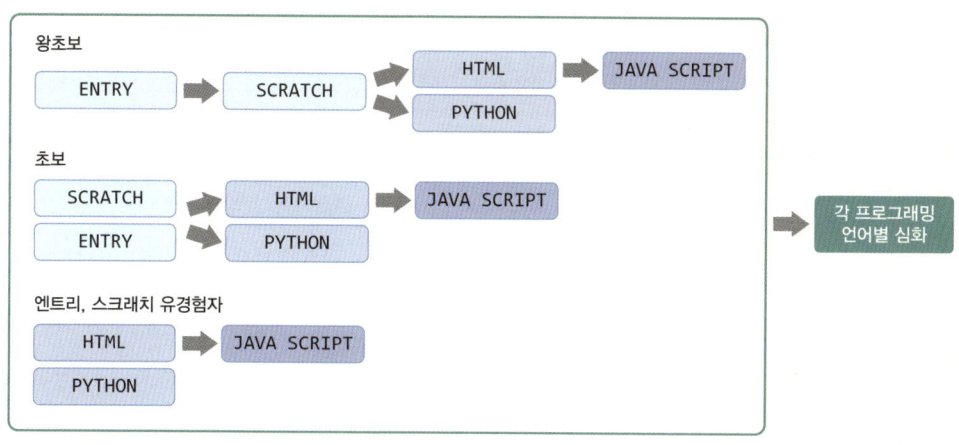

## 차례

CONTENTS

### 프로그래밍 첫걸음, ENTRY

1. 엔트리 시작하기 · · · · · · · · · · · · 14
2. 미디어 아트 · · · · · · · · · · · · · · · · 17
3. 미로 탈출 · · · · · · · · · · · · · · · · · · 22
4. 자동문 만들기 · · · · · · · · · · · · · · 28
5. 전자 금고 만들기 · · · · · · · · · · · 30
6. 자판기 프로그램 만들기 · · · · · 34

### 비주얼 프로그래밍 언어, SCRATCH

1. 스크래치 시작하기 · · · · · · · · · · 40
2. 고양이 움직이기 · · · · · · · · · · · · 42
3. 대화 상황 만들기 · · · · · · · · · · · 47
4. 벽돌 깨기 · · · · · · · · · · · · · · · · · · 54

### WWW에 사용하는 언어, HTML

1. HTML 시작하기 · · · · · · · · · · · · 66
2. 나를 소개합니다! · · · · · · · · · · · 69
3. 이미지를 불러 보자 · · · · · · · · · 72
4. 앨범을 만들어 보자 · · · · · · · · · 75

5. 페이지를 넘어가자, 하이퍼링크 · · · · · · · · · · · **80**
6. 멀티미디어를 넣어 보자 · · · · · · · · · · · · · · · **85**
7. 웹 문서의 디자인, CSS · · · · · · · · · · · · · · · · **90**
8. 나만의 홈페이지 만들기 · · · · · · · · · · · · · · · **96**

## 사용자와 상호작용하기, 웹에서 가능하다!
# JAVA SCRIPT

1. 자바스크립트 시작하기 · · · · · · · · · · · · · · · · **109**
2. 사칙연산하기 · · · · · · · · · · · · · · · · · · · · · · · **110**
3. 음식 주문하기 · · · · · · · · · · · · · · · · · · · · · · · **114**
4. 내가 좋아하는 동물들 · · · · · · · · · · · · · · · · · **120**
5. 함수 만들기 · · · · · · · · · · · · · · · · · · · · · · · · **126**
6. 퀴즈 프로그램 만들기 · · · · · · · · · · · · · · · · · **131**
7. 픽셀 아트 · · · · · · · · · · · · · · · · · · · · · · · · · · **136**
8. 기념일 구하기 · · · · · · · · · · · · · · · · · · · · · · · **141**

## 구조가 간결하며 강력한 언어,
# PYTHON

1. 파이썬 시작하기 · · · · · · · · · · · · · · · · · · · · · **148**
2. 반복: 1부터 10까지 출력해 보자 · · · · · · · · · **150**
3. 연산 : 1부터 10까지 합을 구해 보자 · · · · · · **155**
4. 사용자 입력 : 입력받은 값까지의 합을 구해 보자 · · · **157**
5. 함수 : 숫자 야구 게임을 만들어 보자 · · · · · **159**

찾아보기 · · · · · · · · · · · · · · · · · · · · · · · · · · · · · · **188**

# 문제 해결과 프로그래밍

우리가 매일 일상생활에서 만나는 문제들은 일반적으로 다음과 같은 절차를 통해 해결할 수 있습니다.

그런데 정보기술과 과학이 발달하면서 일반적인 문제 해결 방법으로는 해결하기 어려운 문제들이 생겨났습니다.

- 인간 유전자 지도
- 항공기 배치 문제
- 소비 패턴 분석 문제
- 교통신호 체계
- 인터넷 뱅킹 시스템

*사람만으로 이 복잡하고 어려운 문제를 해결할 수 있을까요?*

이처럼 현대사회에서 날마다 일어나는 복잡하고 어려운 문제들을 과연 우리 인간의 힘만으로 해결할 수 있을까요? 물론 어렵습니다. 따라서 어렵고 복잡한 계산을 컴퓨터의 파워, 즉 컴퓨팅을 통해 해결하기 시작했습니다. 그에 따라 문제를 해결하는 절차가 중요하게 되었습니다.

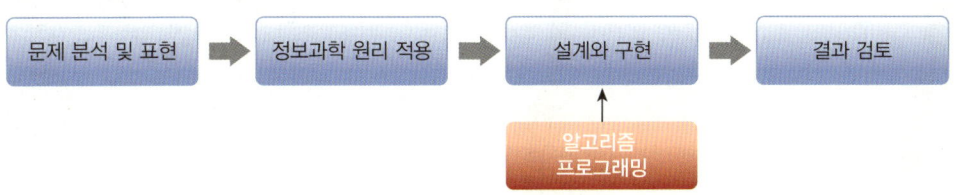

즉, 알고리즘과 프로그래밍을 이용하여 문제 해결을 위한 프로그램을 설계하고 구현하는 능력이 필요하게 되었습니다. 이런 문제 해결력에 사용되는 정보과학적 사고력을 컴퓨팅 사고(Computational Thinking)라고 합니다.

프로그래밍 첫걸음,

# ENTRY

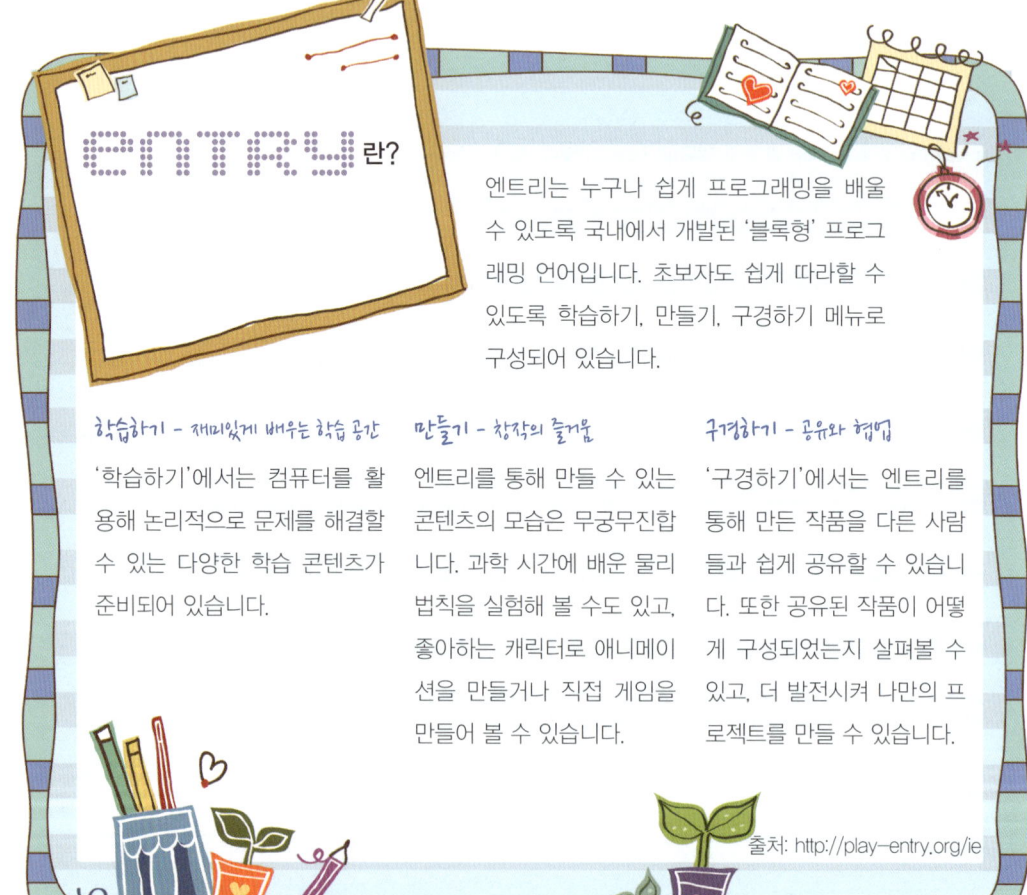

## ENTRY란?

엔트리는 누구나 쉽게 프로그래밍을 배울 수 있도록 국내에서 개발된 '블록형' 프로그래밍 언어입니다. 초보자도 쉽게 따라할 수 있도록 학습하기, 만들기, 구경하기 메뉴로 구성되어 있습니다.

### 학습하기 - 재미있게 배우는 학습 공간

'학습하기'에서는 컴퓨터를 활용해 논리적으로 문제를 해결할 수 있는 다양한 학습 콘텐츠가 준비되어 있습니다.

### 만들기 - 창작의 즐거움

엔트리를 통해 만들 수 있는 콘텐츠의 모습은 무궁무진합니다. 과학 시간에 배운 물리법칙을 실험해 볼 수도 있고, 좋아하는 캐릭터로 애니메이션을 만들거나 직접 게임을 만들어 볼 수 있습니다.

### 구경하기 - 공유와 협업

'구경하기'에서는 엔트리를 통해 만든 작품을 다른 사람들과 쉽게 공유할 수 있습니다. 또한 공유된 작품이 어떻게 구성되었는지 살펴볼 수 있고, 더 발전시켜 나만의 프로젝트를 만들 수 있습니다.

출처: http://play-entry.org/ie

**CONTENTS** ▶▶

1. 엔트리 시작하기
2. 미디어 아트
3. 미로 탈출
4. 자동문 만들기
5. 전자 금고 만들기
6. 자판기 프로그램 만들기

## ENTRY

### ENTRY 실행하기

엔트리는 다음과 같은 순서로 실행할 수 있습니다.

**1. 엔트리 사이트 접속**

엔트리 프로그램은 별도의 프로그램 설치가 필요 없이 인터넷에서 바로 이용할 수 있습니다. 반드시 크롬에서 실행해야 합니다.

**2. 회원 가입**

클라우드 기반이라서 회원 가입만 하고 사용하면 내 정보가 자동 저장됩니다.

**3. 만들기**

오프라인 설치 버전도 있어서 인터넷이 연결되지 않아도 이용할 수 있습니다. 무엇이든 만들어 보십시오.

**프로그래밍** 컴퓨터에게 일을 시키기 위해 명령하는 코드를 작성하는 행위

# 1. 엔트리 시작하기

1 먼저 크롬을 실행한 후, http://www.play-entry.com/에 접속합니다.
2 상단의 회원 가입 메뉴를 이용하여 회원 가입을 합니다.

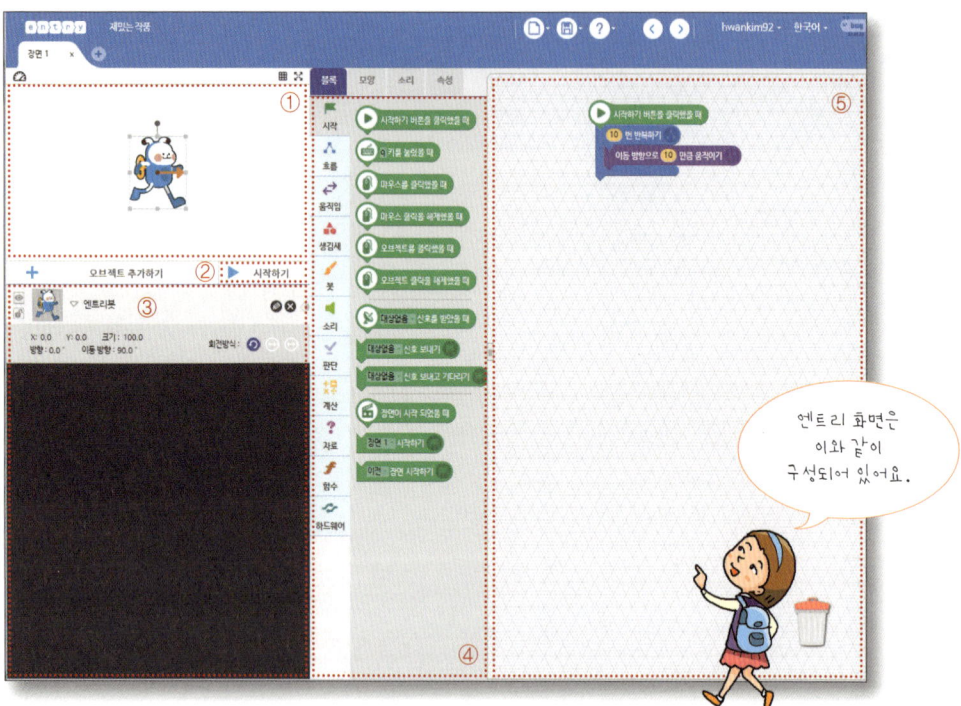

① 무대 : 프로그램이 실행되는 곳입니다.
② 시작하기 : 프로그램을 시작하거나 멈출 수 있는 버튼입니다.
③ 오브젝트 목록 창 : 내가 만든 캐릭터나 배경 같은 걸 오브젝트라고 하며, 프로그램에 포함된 오브젝트를 볼 수 있습니다.
④ 블록 꾸러미 : 명령어들 블록이 있는 곳입니다.
⑤ 블록 조립소 : 블록을 끼워 맞추면 오브젝트가 명령에 따라 동작합니다.

3  상단에 만들기-새로 만들기 메뉴를 눌러서 편집 모드로 들어갑니다.

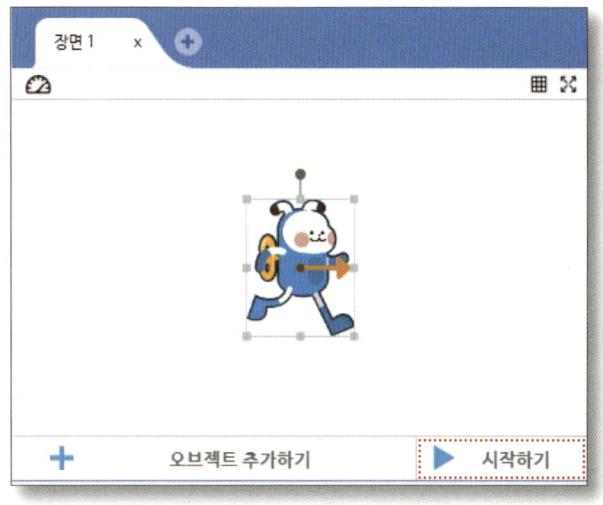

4  시작하기를 클릭하면 엔트리봇이 오른쪽으로 이동하는 것을 볼 수 있습니다. 오른쪽 블록 조립소의 코드를 살펴봅니다.

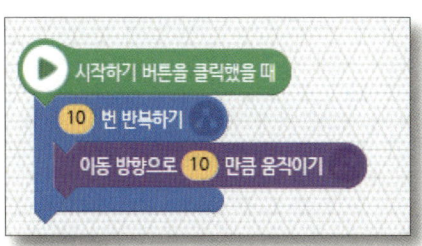

5 코드를 만들기 위해서는 가운데의 블록 꾸러미에서 코드를 마우스로 드래그하여 블록 조립소에 놓으면 됩니다. 그리고 각 코드는 필요한 부분에 끼워 넣으면 됩니다.

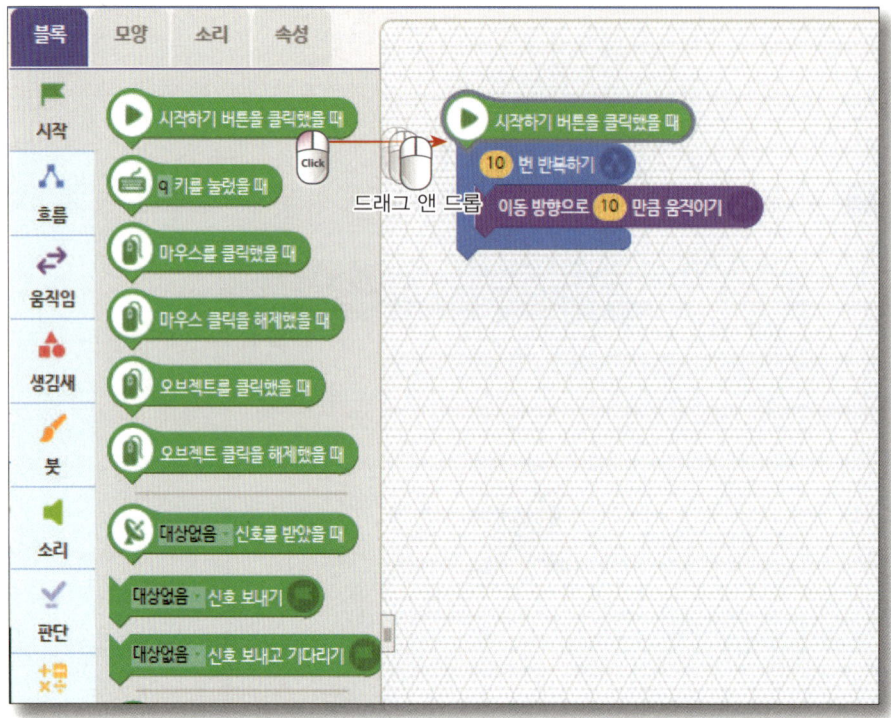

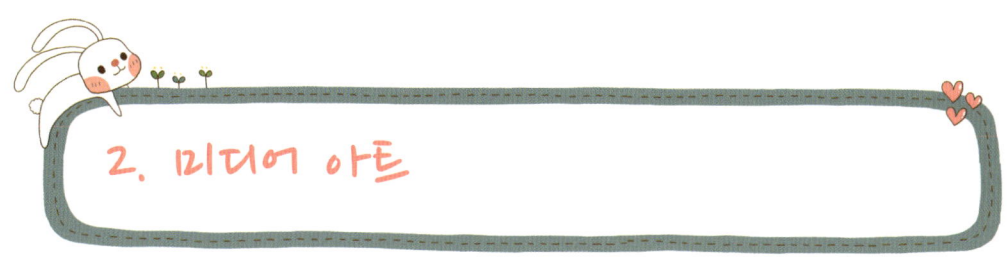

## 2. 미디어 아트

1 아래 주소에 접속합니다.

### http://goo.gl/s0bFfl

이 주소에 접속하면 엔트리 대학생 학습 코스로 이동해요.

2 로그인을 합니다.

3 다음 그림의 [도전] 미디어아트를 클릭합니다.

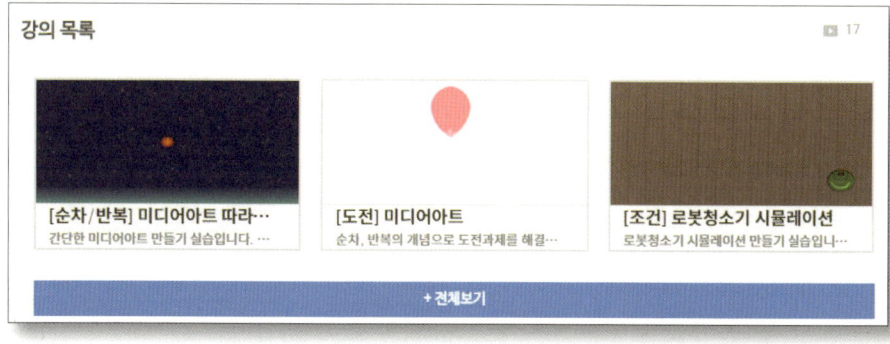

4  플레이 버튼을 눌러서 어떤 작품인지 살펴봅니다.

5  위의 그림의 아래쪽의 학습하기 버튼을 눌러서 학습 모드로 들어갑니다.

6 핵심 절차를 생각해 봅니다.

- 일정한 값만큼 회전한다.
- 회전 각도가 합쳐지면 360도가 된다.
- 자신의 모양을 화면에서 계속 찍는다.
- 마우스를 클릭하면 똑같은 행동을 한다.

> 어떤 일을 하기 위한 핵심 절차를 순서대로 정리하여 나타내는 것을 알고리즘이라고 합니다. 알고리즘은 문제를 해결하기 위한 작업의 절차입니다.

7 핵심 절차대로 코딩합니다.

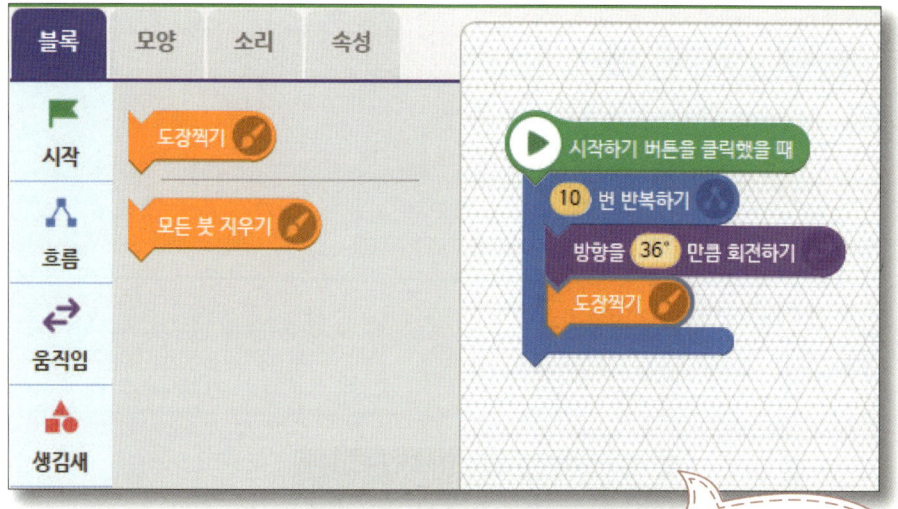

> 왼쪽 블록 카테고리에서 블록을 찾아서 조립해 보세요. 카테고리의 색깔과 블록 색깔이 같습니다. 예를 들어, 방향을 ~만큼 회전하기는 '움직임' 블록에 있습니다.

❖ **각 코드의 의미를 알아봅니다.**

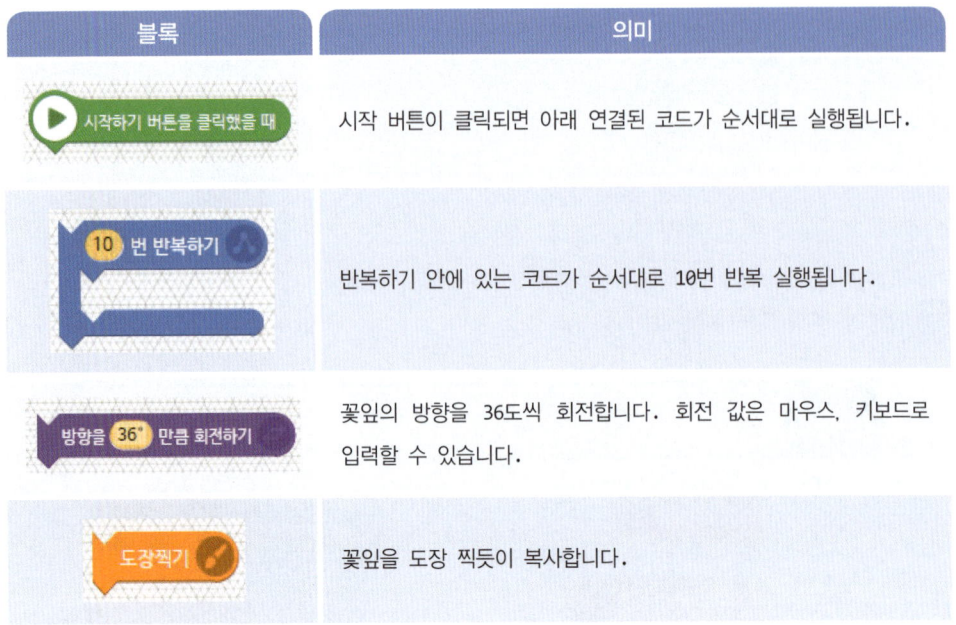

| 블록 | 의미 |
|---|---|
| 시작하기 버튼을 클릭했을 때 | 시작 버튼이 클릭되면 아래 연결된 코드가 순서대로 실행됩니다. |
| 10번 반복하기 | 반복하기 안에 있는 코드가 순서대로 10번 반복 실행됩니다. |
| 방향을 36° 만큼 회전하기 | 꽃잎의 방향을 36도씩 회전합니다. 회전 값은 마우스, 키보드로 입력할 수 있습니다. |
| 도장찍기 | 꽃잎을 도장 찍듯이 복사합니다. |

8 실행하기 버튼을 눌러서 실행해 봅니다. 예상한 대로 꽃이 그려지는지 확인합니다.

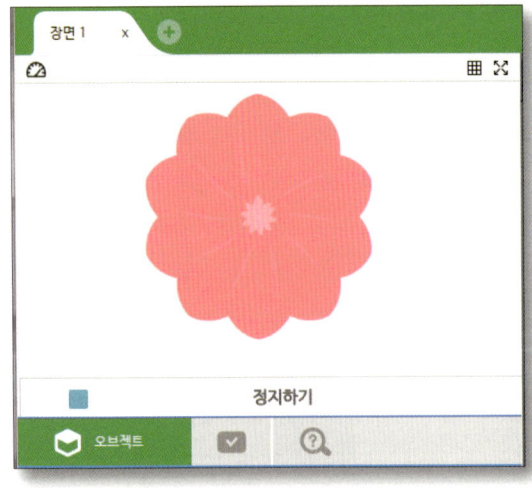

9 마우스를 누르면 똑같이 실행되도록 만들어 봅니다.

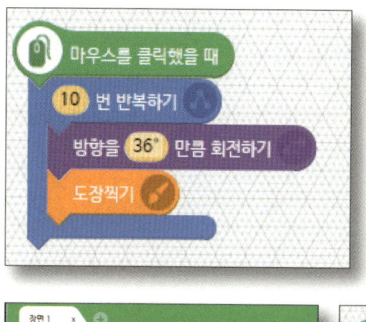

꽃의 색깔이 계속 변하게 하려면 어떻게 해야 할까요? 생김새에 있는 블록들을 활용해 보세요.

투명도를 바꾸면 어떻게 될까요? 투명도 값을 바꾸고 확인해 보세요. 투명도 값은 0~100까지 적용할 수 있습니다.

# 3. 미로 탈출

1. 엔트리 대학생 코스웨어 사이트에 접속합니다.
2. http://goo.gl/s0bFf1 사이트에 접속해서 '도전 미로 탈출' 코스로 들어갑니다.
3. 시작하기 버튼을 눌러서 실행해 봅니다.
4. 아래쪽에 '학습하기' 버튼을 누릅니다.

5  자동차의 핵심 알고리즘을 생각해 봅니다.

- 미로에 부딪혔을 때 통과하지 못한다.
- 좀비에 닿았을 때 경고음을 내고 원래 위치로 돌아간다.

6 아래와 같이 코드를 작성합니다.

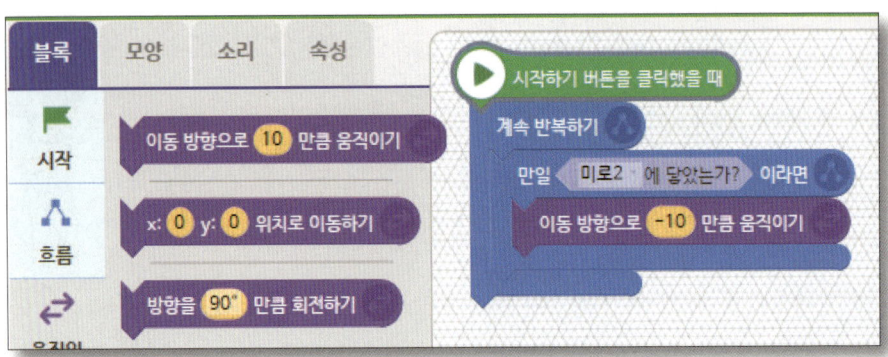

7 좀비에 닿았는가에 대한 코드도 완성합니다.

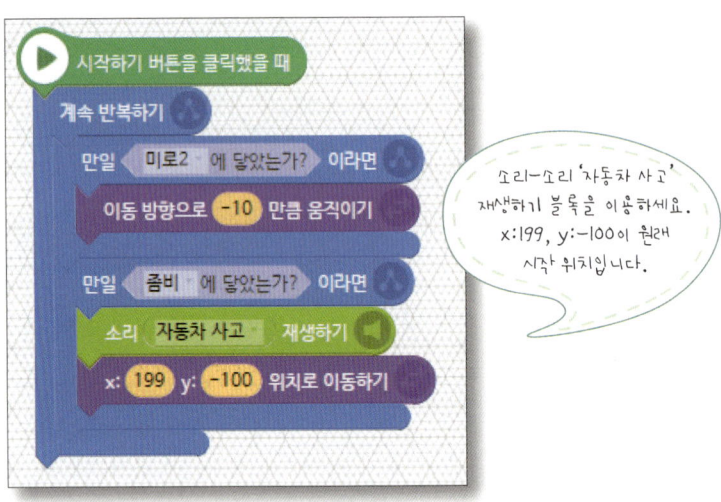

소리-소리 '자동차 사고' 재생하기 블록을 이용하세요.
x:199, y:-100이 원래 시작 위치입니다.

8  좀비에 코드를 넣으려면 먼저 '내 작품으로 저장하기'를 해야 합니다. 메뉴에서 내 작품으로 저장하세요.

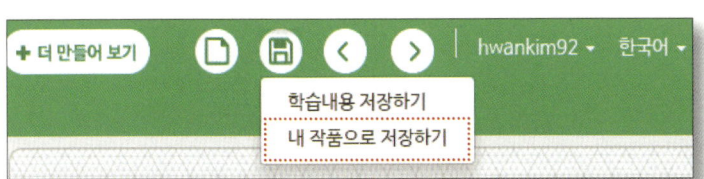

9 자신의 계정을 눌러 '작품 조회'로 갑니다. 앞에서 저장한 '도전 미로 탈출' 작품을 클릭하여 코드 보기 화면으로 들어갑니다.

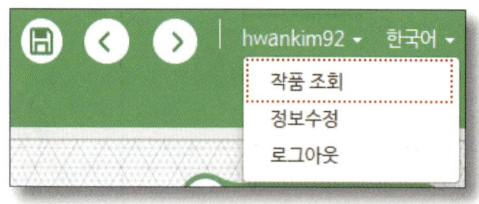

대학 교육과정에 제시된 작품들은 필요한 코드만 사용할 수 있도록 전체 코드가 나타나지 않아요. 하지만 자신의 작품으로 저장한 후, 코드 보기 편집 화면으로 가면 모든 코드가 나타나요.

10 좀비 사라지기 신호를 다음과 같은 순서로 만듭니다. 신호 추가를 해서 '좀비 사라져'라는 신호를 만듭니다.

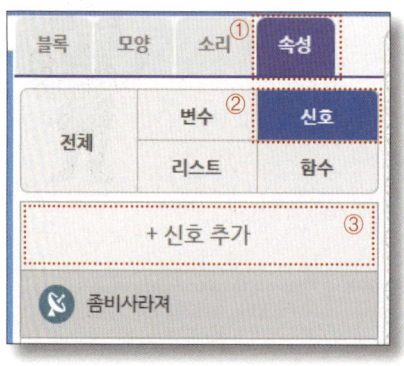

신호 만들기는 오브젝트들끼리 통신을 하게 만들어 줍니다. '좀비사라져' 신호는 내가 임의로 만든 신호입니다. 좀비사라져는 '경찰차'에서 보내고 '좀비'가 받습니다.

11 경찰차에 다음과 같이 코드를 추가합니다.

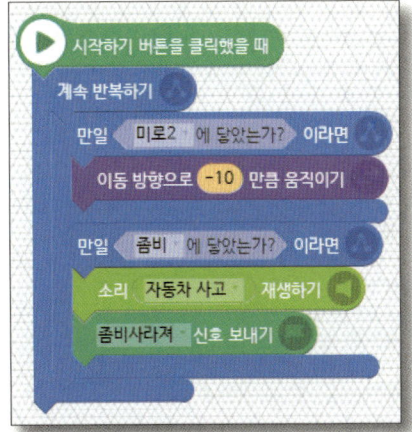
경찰차 코드

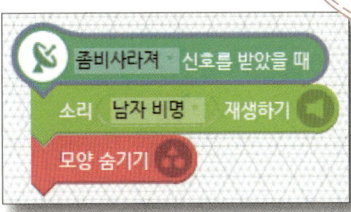
좀비 코드

남자 비명 소리는 위쪽 소리 탭에서 '소리 추가'를 하여 라이브러리에 있는 '남자 비명'을 추가하면 사용할 수 있습니다.

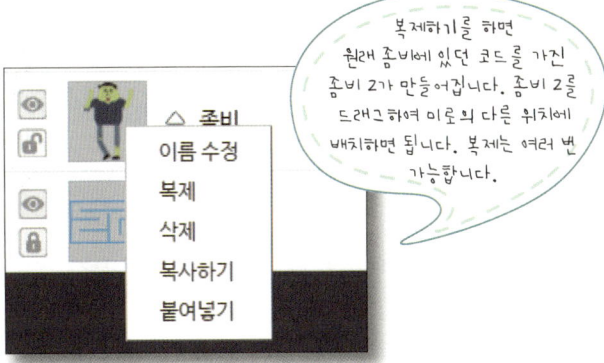

복제하기를 하면 원래 좀비에 있던 코드를 가진 좀비 2가 만들어집니다. 좀비 2를 드래그하여 미로의 다른 위치에 배치하면 됩니다. 복제는 여러 번 가능합니다.

좀비가 사라지는지 확인해 보세요. 좀비를 여러 곳에 배치해 두려면 왼쪽 하단의 오브젝트 목록 창에서 '좀비'를 찾은 후, 오른쪽 마우스를 눌러 복제하세요.

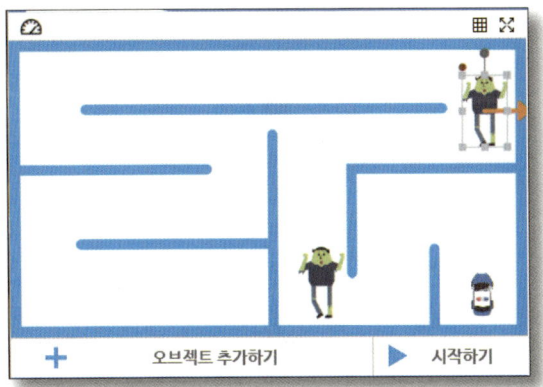

# 4. 자동문 만들기

1. 엔트리 대학생 코스웨어 사이트에 접속합니다.
2. http://goo.gl/s0bFf1 사이트에 접속해서 '[도전] 자동문 시뮬레이션' 코스로 들어갑니다.
3. 시작하기 버튼을 눌러 실행해 봅니다.
4. 아래쪽에 '학습하기' 버튼을 누릅니다.
5. 먼저 사람 코드와 센서 코드를 만들어 봅니다.

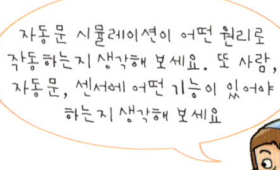

- 사람은 시작하기 버튼을 누르면 문 쪽으로 계속 이동한다.
- 센서는 사람에 닿으면 '문열어' 신호를 보낸다.

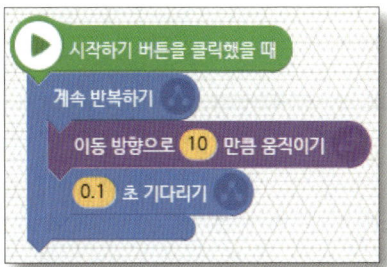 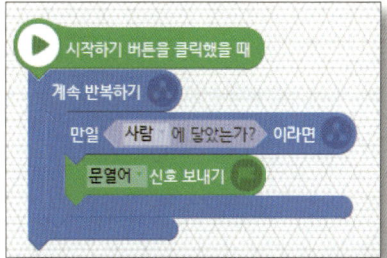

6  자동문 코드를 작성합니다.

- '문열어' 신호를 받으면 아래쪽으로 이동했다가 다시 원래 위치로 돌아온다.

7  제대로 작동하는지 시작하기 버튼을 눌러서 확인해 봅니다.

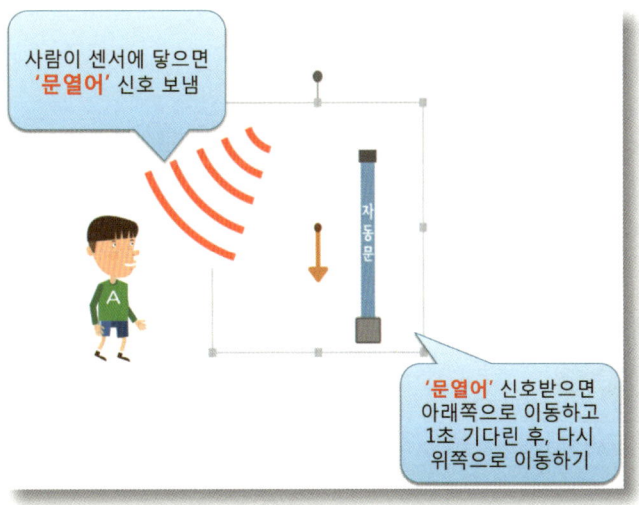

# 5. 전자 금고 만들기

1. 엔트리 대학생 코스웨어 사이트에 접속합니다.
2. http://goo.gl/s0bFfl 사이트에 접속해서 '[도전] 전자 도어락 업그레이드' 코스로 들어갑니다.
3. 시작하기 버튼을 눌러 실행해 봅니다.
4. 아래쪽에 '학습하기' 버튼을 누릅니다.
5. 현재 보물상자에 들어 있는 코드를 살펴봅니다.

전자 금고 시뮬레이션이 어떻게 작동하는지 원리를 생각해 보세요.

일단 코드를 한 번 읽어 보세요. 분홍색 코드로 되어 있는 부분은 이번에 새롭게 배울 코드입니다. 전체적으로 코드의 구조만 살펴보세요.

6 변수를 만들어 봅니다.

자료—변수 만들기를 클릭합니다.

처음 나오는 '변수'라는 코드를 배워 봐요. 변수는 문자나 숫자와 같은 값을 담을 수 있는 그릇이라고 생각하면 돼요.

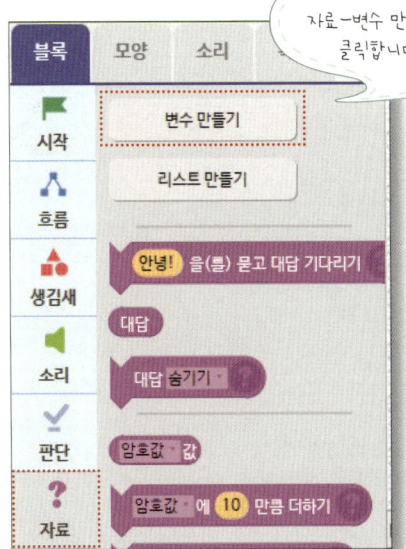

변수 추가를 눌러서 변수를 만듭니다. 물음표 옆에 '횟수' 변수 이름을 넣고, 확인을 누르면 됩니다. 아래에 보면 '암호값'이라는 변수가 이미 만들어져 있는 것을 볼 수 있습니다. 암호값 밑의 목록은 현재 '암호값' 변수가 어떤 오브젝트에서 사용되고 있는지 보여 줍니다.

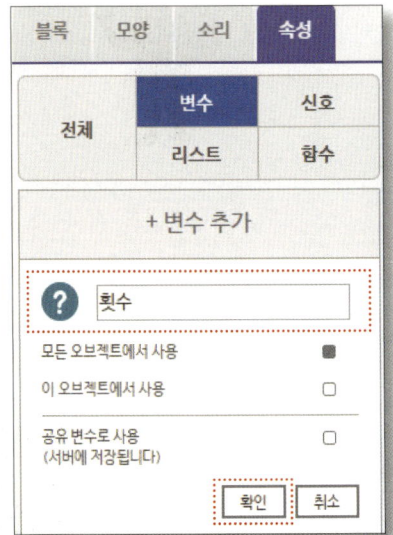

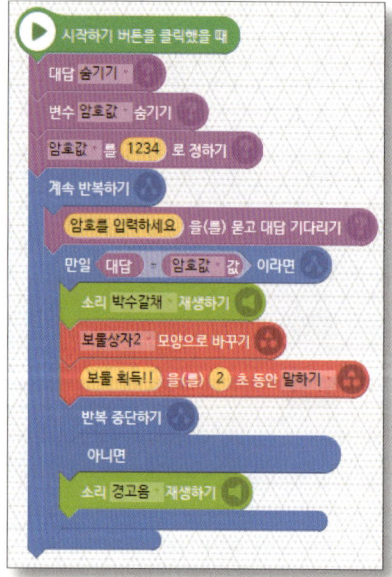

7 먼저 계속 묻기 기능을 추가해 봅니다. 위의 코드를 수정하여 다음과 같이 만들어 봅니다.

8 먼저 시도가 반복되면 횟수가 증가하도록 코드를 작성합니다.

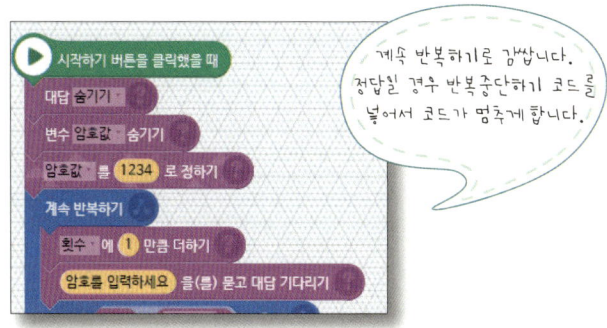

9 입력한 번호가 틀릴 경우 현재 횟수를 체크해서 3번 이상이면 5초 동안 기다리시오를 말하는 코드를 추가합니다.

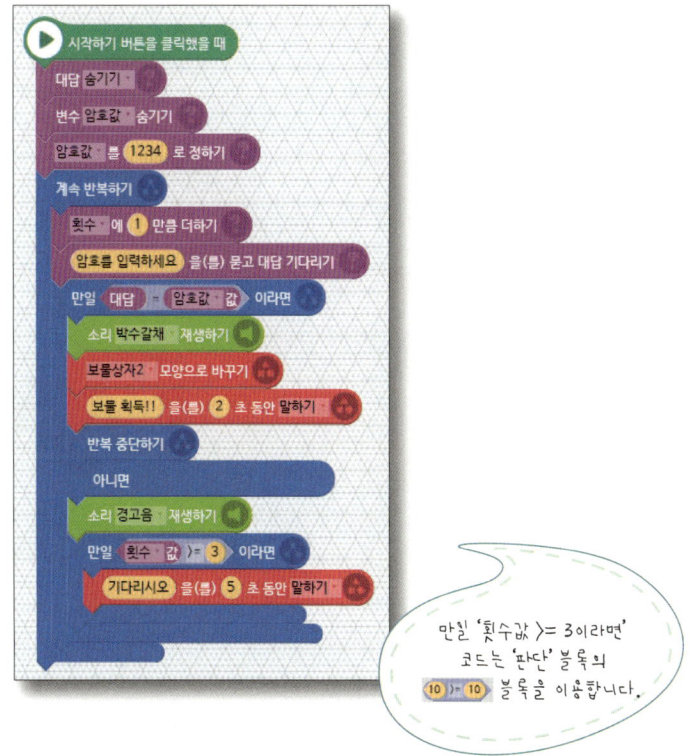

# 6. 자판기 프로그램 만들기

1. 엔트리 대학생 코스웨어 사이트에 접속합니다.
2. http://goo.gl/s0bFf1 사이트에 접속해서 '[선택과제2] 자판기 알고리즘 응용' 코스로 들어갑니다.
3. 아래쪽에 '학습하기' 버튼을 누릅니다.

ENTRY    35

4  먼저 주인공의 코드를 작성합니다.

```
오브젝트를 클릭했을 때
돈을 넣어주세요 을(를) 묻고 대답 기다리기
받은돈 ▼ 를 대답 로 정하기
```

5  거스름돈 코드를 추가합니다.

> 계산 블록에서 빼기 블록을 이용하여 변수 '받은돈'-변수 '가격'의 수식을 만듭니다.

```
오브젝트를 클릭했을 때
돈을 넣어주세요 을(를) 묻고 대답 기다리기
받은돈 ▼ 를 대답 로 정하기
거스름돈 ▼ 를 받은돈 ▼ 값 - 가격 ▼ 값 로 정하기
```

6  받은 돈과 가격을 비교하여 적절한 메시지를 출력하도록 코드를 만듭니다.

```
만일 받은돈 ▼ 값 = 가격 ▼ 값 이라면
    맛있게 드세요! 을(를) 말하기
아니면
    만일 받은돈 ▼ 값 > 가격 ▼ 값 이라면
        거스름돈 ▼ 값 과(와) 원 받아가세요! 를 합치기 을(를) 말하기
    아니면
        가격 ▼ 값 - 받은돈 ▼ 값 과(와) 원이 부족해요! 를 합치기 을(를) 말하기
```

> 자판기 알고리즘의 핵심 코드입니다. 어떻게 작동하는지 코드를 보면서 생각해 보세요.

7 코드를 완성하고 5번 코드 밑에 붙인 후 실행해서 확인해 봅니다.

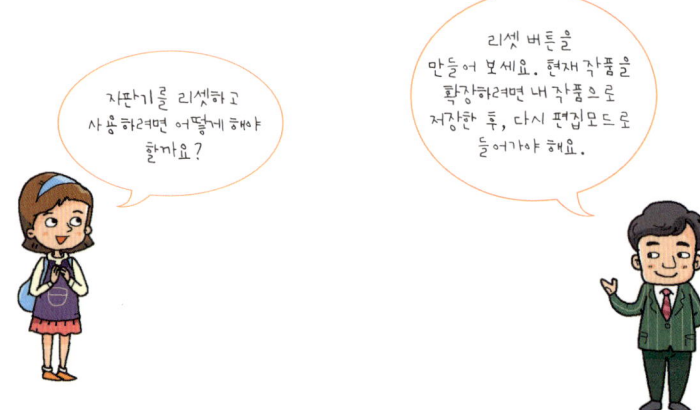

8 내 작품으로 저장하고 작품 조회로 가서 '자판기 알고리즘 만들기' 작품을 선택합니다. 코드 보기로 들어가서 수정합니다.

9 오브젝트 추가하기를 눌러서 리셋 버튼을 만듭니다.

10  리셋 버튼에 가격과 받은 돈을 0으로 만드는 코드를 작성합니다.

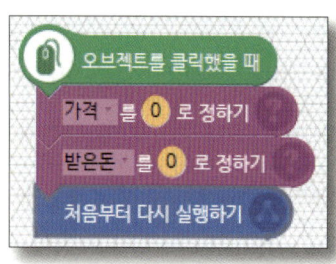

'처음부터 다시 실행하기' 블록은 '흐름' 블록에 있습니다. 리셋을 누르면 가격, 받은돈을 0으로 만들고 처음부터 다시 실행하게 됩니다.

기본 매뉴얼이나 다양한 강좌를 배우고 싶으면 위쪽 '학습하기' 메뉴에서 강의나 코스를 이용하면 돼요. 교육 자료 코너에는 무료 pdf 파일이 제공됩니다.

비주얼 프로그래밍 언어,

# SCRATCH

### SCRATCH 란?

스크래치는 미국 MIT 미디어랩의 Lifelong Kindergarten Group에서 무료로 제공하는 프로그래밍 언어 및 플랫폼입니다. 스크래치는 요철식 블록 모양의 명령어들을 마우스 드래그 앤 드롭으로 프로그래밍하는 방식으로, 문법적 오류를 최소화할 수 있어 어린이들은 물론이고 누구나 쉽게 배울 수 있습니다.

## CONTENTS ▶▶

1. 스크래치 시작하기
2. 고양이 움직이기
3. 대화 상황 만들기
4. 벽돌 깨기

# Scratch

### Scratch 실행하기
스크래치는 웹 브라우저에서 바로 실행해 볼 수 있습니다.

**1** 스크래치를 시작하려면 https://scratch.mit.edu에 접속합니다.

**2** 간단히 회원 가입을 하고 로그인을 하면 작업하는 내용이 실시간으로 '나만의 작업실'에 저장되어 언제든지 연속적으로 작업할 수 있으며, 자신의 작품을 공개할 수도 있습니다.

**3** 오프라인 에디터를 다운로드하여 설치하면 인터넷에 연결되어 있지 않아도 스크래치 프로그램을 만들 수 있습니다.

**4** 스크래치 사이트에 접속하면 아래와 같은 화면이 나옵니다.

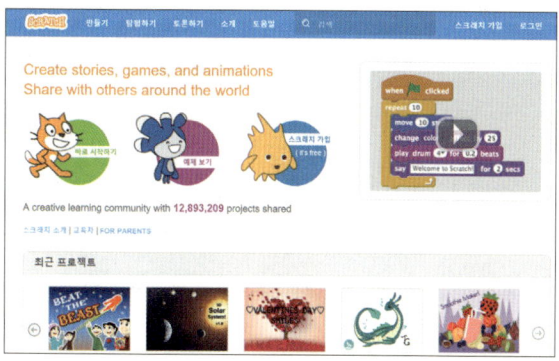

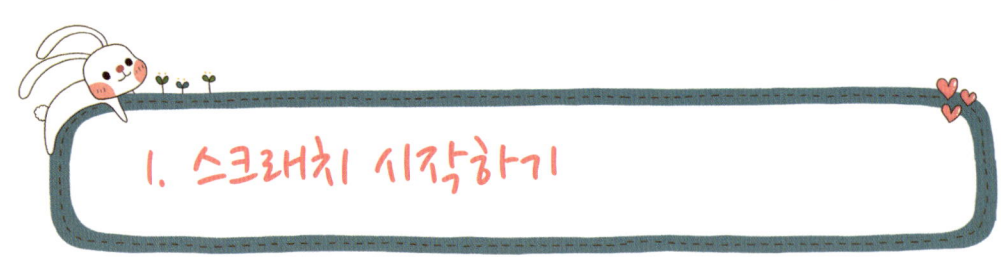

# 1. 스크래치 시작하기

웹상에 자신의 작업실을 마련하여 작업 내용을 저장하거나 작품을 공개하고 싶은 경우에는 스크래치 사이트 첫 화면의 상단에 있는 을 눌러 간단한 회원 가입을 마치고 로그인을 합니다.

로그인 없이 바로 프로그래밍을 해 보고 싶은 경우에는 화면 상단 왼쪽 고양이 그림의 를 클릭하면 다음과 같은 화면이 나옵니다.

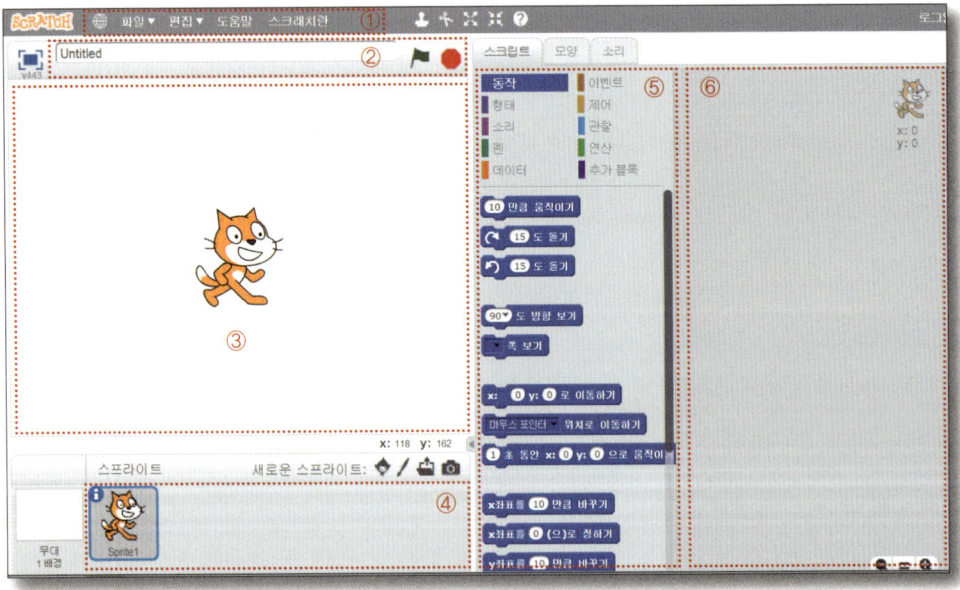

## ❖ 작업 화면 설명

① 🌐을 클릭하면 각 나라 언어로 변경할 수 있습니다. 또한 [파일] 메뉴에서 [내 컴퓨터에서 프로젝트 다운로드하기]를 누르면 작업한 프로젝트 파일을 PC에 저장할 수 있으며, [내 컴퓨터에서 프로젝트 업로드하기]를 누르면 PC에 저장된 프로젝트 파일을 불러들일 수 있습니다.

② 프로젝트 이름을 정하는 곳입니다. 🚩🔴 표시는 프로젝트를 시작하거나 종료할 때 사용하는 버튼입니다.

③ 프로그램을 실행한 결과를 보여 주는 창입니다.

④ 사용 중인 스프라이트들을 보여 주는 목록입니다.

⑤ 스크립트(명령어)들을 모아 놓은 일종의 팔레트입니다.

⑥ 스크립트를 끌어와 프로그래밍 작업을 하는 곳입니다.

화면 중앙에 있는 스크립트 탭( 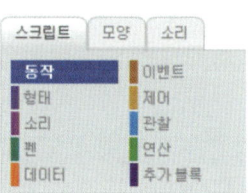 ) 아래 ⑤번 영역에는 스크래치 프로그래밍에서 사용되는 명령어들이 모여 있습니다. 명령어들은 쓰임의 종류대로 분류되어 있는데, 스크립트 분류명은 '동작', '형태', '소리', '펜', '데이터', '이벤트', '제어', '관찰', '연산', '추가 블록' 등입니다.

스크립트의 기능별 분류명을 각각 눌러 보면 해당 기능으로 분류된 명령어들을 볼 수 있습니다.

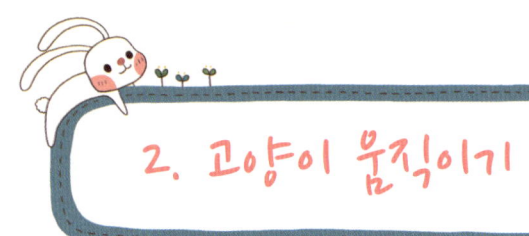

## 2. 고양이 움직이기

**\*프로그램 설명\***

[1단계] 시작 버튼 ▶을 클릭하면 고양이가 100만큼 앞으로 이동합니다.
[2단계] 고양이가 계속해서 앞으로 가다가 벽에 닿으면 뒤로 돌아가는 것을 계속 반복합니다.
[3단계] 고양이가 자연스럽게 걷는 모습으로 만들어 봅니다.

### [1단계]

1. 작업 화면 ②에서 프로젝트 이름을 정합니다. 예를 들어, '고양이 움직이기'라고 합니다.

2. 시작 버튼 ▶을 누르면 프로젝트가 시작하도록 명령문을 작성해 봅니다. 작업 화면 ⑤의 스크립트에서 `이벤트`를 클릭하면 `이벤트`에 해당되는 명령어 블록이 나오는데, 이 중에서 `클릭했을 때` 블록을 끌어서 스크립트 작업 공간에 놓습니다.

3. 이번에는 100만큼 움직이게 하는 명령문을 작성해 봅니다. ⑤의 스크립트에서 `동작`을 클릭하면 `동작`에 해당되는 명령어 블록이 나오는데, 이 중 `10 만큼 움직이기`를 끌어다 스크립트 작업 공간에 놓고 10을 100으로 수정합니다.

4. 시작 버튼 ▶을 누르면 100만큼 움직이도록 명령문을 작성해야 하므로 `클릭했을 때`와 `10 만큼 움직이기`를 결합시킵니다. 그러면 다음과 같이 완성됩니다.

5  이제 프로그램이 잘 작성되었는지 확인하기 위하여 프로젝트를 동작시켜 봅니다.

## [2단계]

이번에는 고양이가 계속해서 앞으로 가다가 벽에 닿으면 뒤로 돌아가게 해 봅니다.

1  ⑤의 스크립트 중 제어 에 있는 무한 반복하기 블록을 이용하면, 이 블록이 감싸고 있는 명령어들에 한하여 실행을 무한하게 반복할 수 있습니다. 앞에서 사용한 10 만큼 움직이기 블록의 숫자를 100에서 다시 10으로 수정하고 이 블록을 무한 반복하기 블록 사이에 넣습니다. 그리고 벽에 닿으면 뒤로 돌아가야 하므로 동작 에 있는 벽에 닿으면 튕기기 블록도 함께 넣습니다. 그러면 아래와 같이 스크립트가 완성됩니다.

2 여기서 잠깐! 혹시 여러분 중에 고양이가 벽에 닿으면 뒤집어지는 사람이 있나요?

벽에 닿으면 이렇게 고양이가 뒤집어지는 경우, 고양이 스프라이트의 속성을 수정해 주어야 합니다.

3 ④의 스프라이트 목록에서 고양이 스프라이트 왼쪽 위에 느낌표 표시를 눌러 주세요. 그러면 다음과 같이 고양이 스프라이트의 속성이 나타납니다.

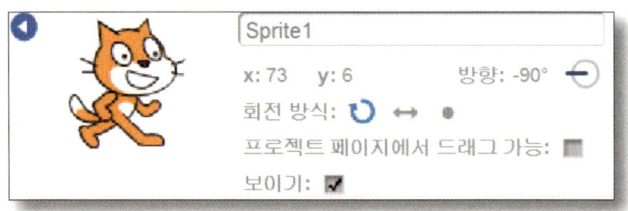

현재 고양이 스프라이트의 회전 방식은 360도 회전 ↻ 으로 되어 있습니다. 이를 좌우회전 ↔ 으로 수정해 주세요. 그리고 다시 실행해 봅니다. 이제는 고양이가 뒤집어지지 않고 잘 동작합니다.

## [3단계]

고양이가 뒤집어지지는 않지만 여전히 무언가 어색한 느낌이 듭니다. 고양이는 움직이는데 고양이 다리는 뻣뻣하게 그대로이기 때문입니다. 이번에는 고양이 다리를 교대로 움직이게 해서 자연스럽게 걷는 모양을 만들어 봅니다.

1 고양이 스프라이트를 선택한 상태에서 ⑤의 탭 중 스크립트 옆의 모양 탭을 클릭해 보세요. 그러면 다음과 같이 고양이 스프라이트에 대한 모양 속성이 나옵니다.

왼쪽에 보면 고양이 스프라이트는 두 가지의 모양을 가지고 있습니다. 또한 오른쪽에 다양한 도구들을 이용하면 고양이 스프라이트를 원하는 모습으로 꾸밀 수 있습니다.

2 이제 확인을 마쳤으면 다시 스크립트 탭으로 돌아와서 형태 를 누릅니다. 이 중 다음 모양으로 바꾸기 블록을 끌어다 10만큼 움직이기 블록 아래 붙입니다. 이렇게 하면 고양이의 두 가지 모양이 10만큼 움직일 때마다 교대로 바뀌게 됩니다.

3  고양이의 발이 너무 빠르게 움직인다는 생각이 든다면, 10만큼 움직이고 다음 모양으로 바꾼 다음, 다시 10을 움직이기 전에 잠시 쉬는 시간을 갖는다면 발 바뀌는 속도를 늦출 수 있습니다.

⑤의 제어 에서 1초 기다리기 블록을 가져와 다음 모양으로 바꾸기 블록 다음에 붙입니다. 이제 모양을 바꿀 때마다 1초씩 간격을 두겠다는 의미입니다. 1초는 발을 바꾸기에 너무 긴 시간입니다. 그래서 값을 0.1로 수정하도록 하겠습니다.

## [응용하기]

자, 이제 고양이가 자연스럽게 움직이나요? 이와 비슷한 방법으로 '새' 스프라이트를 가져와 날갯짓을 하며 숲 속 여기저기를 날아다니는 프로젝트를 만들어 보세요.

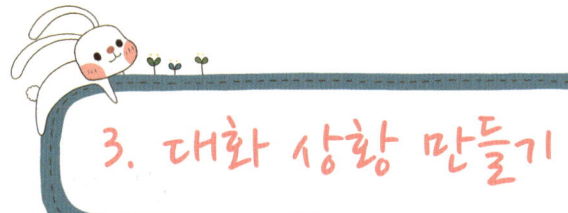

# 3. 대화 상황 만들기

**\*프로그램 설명\***

[1단계] 시작 버튼 🏁 을 클릭하면 개와 고양이가 마주보며 나타납니다. 서로 자연스럽게 대화를 합니다.

[2단계] 대화를 마치면 강아지가 가던 길을 계속 가고 화면에서 사라집니다.

[3단계] 고양이가 사용자(user)에게 질문을 하고 사용자가 답을 하면 고양이는 그 답을 토대로 대답을 합니다.

## [1단계]

1. 새로운 '강아지' 스프라이트를 불러옵니다. 고양이와 강아지 스프라이트의 이름을 알아보기 쉬운 이름으로 변경해 봅니다.

 스프라이트가 많아지고 프로그램이 복잡해지면 스프라이트의 이름이 Sprite1과 같이 붙여지는 경우 매우 혼란스럽게 됩니다. 따라서 스프라이트 이름은 알아보기 쉽게 미리미리 변경하는 습관을 기릅니다.

강아지 스프라이트와 고양이 스프라이트가 프로그램을 실행시킬 때마다 항상 같은 위치에서 나타나도록 하려면, 각각의 스프라이트에 대해 등장 위치를 정해 주는 `x: -60 y: -11 로 이동하기` 블록을 `클릭했을 때` 블록 다음에 붙입니다. 그러면 프로그램을 시작할 때마다 항상 정해진 위치에서 스프라이트가 등장하게 됩니다.

 `x: -60 y: -11 로 이동하기` 블록 안에 이미 들어 있는 x 값과 y 값은 현재 스프라이트가 위치한 값이 자동으로 들어가 있는 것입니다.

2 두 스프라이트가 교대로 자연스럽게 대화를 이어 나가기 위해서는 상대가 말하는 동안만큼 기다리는 동작이 필요합니다. 따라서 말을 하는 스프라이트는 `형태` 의 `Hello! 을(를) 2초동안 말하기` 블록을 이용하고, 말을 듣는 스프라이트는 `제어` 의 `1 초 기다리기` 블록을 이용합니다. 여기서 말을 2초 동안 하므로 기다리기 블록은 1초가 아니라 2초로 수정합니다.

고양이와 강아지가 대화를 하는 데 서로를 바라보게 하고 싶으면 어떻게 할까요?
고양이 스프라이트의 속성에서 방향을 반대로 돌리면 됩니다.

3  완성된 대화 내용을 각 스프라이트별로 고양이 입장과 강아지 입장으로 나눠서 보면 다음과 같습니다.

고양이 스프라이트                강아지 스프라이트

## [2단계]

1  대화를 마치면 강아지가 유유히 사라집니다. 이 동작을 만들기 위해서는 벽에 닿을 때까지 앞으로 이동하게 한 후, 벽에 닿으면 스프라이트를 사라지게 하는 과정이 필요합니다.

2. 형태 의 까지 반복하기 블록에 조건으로 관찰 의 에 닿았는가? 블록을 넣습니다. 이 블록 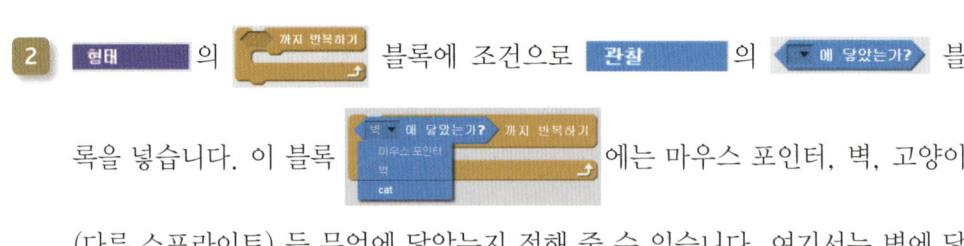 에는 마우스 포인터, 벽, 고양이 (다른 스프라이트) 등 무엇에 닿았는지 정해 줄 수 있습니다. 여기서는 벽에 닿으면 사라지게 할 계획이므로 '벽'에 닿았는가로 설정하고 10만큼 움직이기를 반복하도록 합니다.

3. 그리고 강아지 스프라이트가 앞으로 10만큼 계속 이동하다가 벽에 닿게 되면 사라지도록 하기 위해서 형태 의 숨기기 블록을 이용합니다. 다음의 명령문을 기존 강아지 명령문에 이어 붙이면 완성입니다.

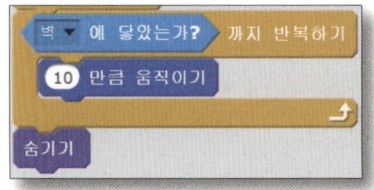

프로그램이 숨기기 블록으로 종료한 경우, 다시 시작 버튼을 클릭하면 스프라이트에 숨기기 속성이 적용된 상태로 시작하게 됩니다. 이것을 방지하기 위해 강아지 스프라이트의 명령문 제일 상단에 '보이기' 블록을 넣는 것이 좋습니다.

완성된 강아지 스프라이트 명령문은 다음과 같습니다.

```
클릭했을 때
보이기
x: -60 y: -11 로 이동하기
2 초 기다리기
잘 지내지. 이게 얼마만이야! 을(를) 2 초동안 말하기
2 초 기다리기
어디가는 길이야? 을(를) 2 초동안 말하기
2 초 기다리기
그래. 나중에 밥 한번 먹자. 을(를) 2 초동안 말하기
2 초 기다리기
벽▼ 에 닿았는가? 까지 반복하기
    10 만큼 움직이기
숨기기
```
(x: 200, y: -11)

## [3단계]

혼자 남은 고양이 스프라이트가 사용자에게 말을 겁니다.

**1** 강아지가 화면에서 완전히 사라질 때까지 3초 정도 기다려 줍니다. 그리고 사용자에게 "자! 돌발 퀴즈가 나갑니다."라고 말을 겁니다.

```
3 초 기다리기
자! 돌발퀴즈가 나갑니다. 을(를) 2 초동안 말하기
```

2 그러고 나서 "강아지와 고양이는 몇 개월 만에 만났을까요?"라고 물어보고 답을 기다립니다. 사용자에게 질문을 하는 명령 블록은 [관찰] 의 [What's your name? 묻고 기다리기] 블록이며, 사용자가 응답한 내용은 그 아래 [대답] 이라는 변수에 들어가게 됩니다. 그리고 [대답] 변수 값이 정답 값인 24와 같은지 비교하는 연산도 필요합니다.

정리해 보면 필요한 블록은 다음과 같습니다.

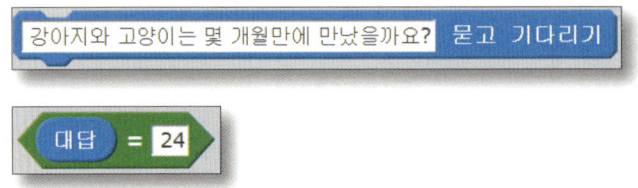

3 이제, 사용자가 응답한 내용이 맞았는지 틀렸는지 고양이가 판단해서 알려 주는 부분입니다. [대답] 변수 안에 들어 있는 내용이 '24'라면 "정답입니다!"를 말해 주고, 그렇지 않으면 "다음 기회에 도전하세요!"라고 말해 줍니다. 이를 위해 [제어] 의 [만약 ~라면 아니면] 블록을 이용합니다. '만일 [대답] 변수 값이 정답이라면' 또는 '아니면'의 조건에 따라, 각각 실행하는 명령문을 다르게 설정합니다. 이렇게 완성된 코드는 다음과 같습니다.

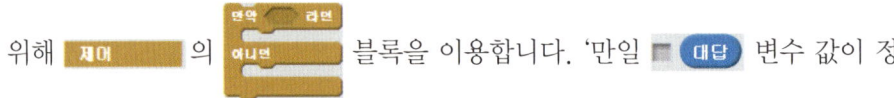

고양이 스프라이트의 완성된 명령문은 다음과 같습니다.

```
클릭했을 때
x: 59 y: -11 로 이동하기
강군! 반갑다. 잘 지내? 을(를) 2 초동안 말하기
2 초 기다리기
우리가 딱 2년만에 다시 만났구나 을(를) 2 초동안 말하기
2 초 기다리기
운동하러 가는 중이야. 을(를) 2 초동안 말하기
2 초 기다리기
좋아. 내가 연락할께. 을(를) 2 초동안 말하기
3 초 기다리기
자! 돌발퀴즈가 나갑니다 을(를) 2 초동안 말하기
강아지와 고양이는 몇 개월만에 만났을까요? 묻고 기다리기
만약 대답 = 24 라면
    정답입니다! 을(를) 2 초동안 말하기
아니면
    다음 기회에 도전하세요! 을(를) 2 초동안 말하기
```

# 4. 벽돌 깨기

마지막으로 실습할 내용은 오락실 게임의 고전인 '벽돌 깨기' 게임입니다. 1972년 미국 게임 회사 아타리가 개발한 슈팅 게임 '퐁'은 일종의 2인용 탁구 게임이었는데, 상업용 게임기 시장에 혁신을 일으켰습니다. 그 후 아타리에 취직한 스티브 잡스는 친구 스티브 워즈니악과 함께 '퐁'의 후속작으로 혼자서도 할 수 있는 게임인 '브레이크 아웃'이라는 게임을 만들어 또 다시 대유행을 일으켰습니다. 이 게임이 우리나라에서는 '벽돌 깨기'라는 이름으로 더 유명한 게임입니다.

〈출처: 네이버캐스트〉

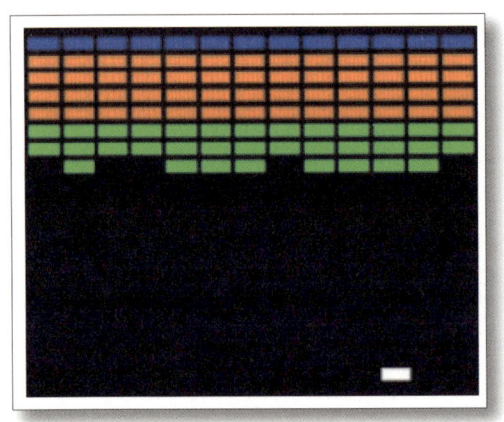

스티브 잡스가 만든 '브레이크 아웃', 우리나라에는 '벽돌 깨기'란 이름으로 더 유명합니다.

〈출처: 네이버캐스트-게임 대백과〉

*프로그램 설명*

[1단계]

(1) 라켓 스프라이트는 사용자가 키보드의 방향키를 이용하여 라켓을 좌우로 움직입니다.

(2) 공 스프라이트가 화면 속을 계속해서 날아다니며 벽에 닿으면 튕깁니다.

(3) 공이 라켓에 닿으면 튕겨 나갑니다.

(4) 공이 벽돌에 맞으면 튕겨 나갑니다.(방송하기 사용)

[2단계]

(1) 게임이 시작되면 벽돌 5개가 지정된 위치에 생성됩니다.

(2) 공이 벽돌에 닿으면 벽돌이 사라집니다.(변수 사용)

(3) 공이 바닥에 닿으면 게임이 종료됩니다.(스프라이트 사용)

(4) 벽돌이 다 사라지면 게임이 종료됩니다.(변수 사용)

※ 스프라이트 : 공, 벽돌, 라켓, 바닥

## [1단계]

**1** 라켓 스프라이트 : 라켓을 키보드의 방향키로 움직입니다.

사용자가 키보드의 방향키를 이용하여 라켓을 움직이도록 만들어 봅니다. 우선, 프로그램이 시작하면 라켓은 자동으로 화면 중간이나 적당한 위치에 나타나도록 설정합니다. 그리고 `이벤트` 에서 `스페이스 키를 눌렀을 때` 블록을 가져와서 '스페이스' 대신 '오른쪽 화살표 키를 눌렀을 때'를 선택합니다. 그리고 오른쪽 화살표 키를 누를 때마다 오른쪽으로 이동하게 하고자 하므로, `동작` 에서 `x좌표를 10 만큼 바꾸기` 블록을 가져와 붙입니다. 이때 속도를 높이기 위해 숫자를 20으로 바꿉니다. 같은 방법으로 '왼쪽 화살표 키를 눌렀을 때' 블록과 'x 좌표를 (−10)만큼 바꾸기' 블록을 붙여서 다음과 같이 라켓 스프라이트의 명령문을 완성합니다.

**2** 공 스프라이트 : 화면 안을 계속 날아다니고 벽에 닿으면 튕겨 나갑니다.

이번에는 공을 움직여 봅니다. 프로그램이 새로 실행될 때마다 공이 화면 정중앙에서 시작하게 하려고 합니다. 그렇게 하기 위해서는 시작 버튼을 클릭하면 바로 공의 위치를 x=0, y=0 위치로 이동시키면 됩니다. 그 다음으로는 공이 화면 여기저기를 멈추지 않고 튕겨 다니도록 무한 반복으로 실행시켜 봅니다. 이제 생각한 대로 스크립트를 작성해 볼까요?

공 스프라이트를 선택하고 스크립트 작업 공간에 `이벤트` 에 있는 `클릭했을 때` 블록을 가져옵니다. 그리고 `동작` 에서 `x: 0 y: 0 로 이동하기` 블록을 가져와 초기 위치를 정해 줍니다. 그 다음으로는 `제어` 의 `무한 반복하기` 블록과 `동작` 의 `10 만큼 움직이기` 블록을 가져와 공을 계속 움직이게 합니다. 이때 공의 속도가 너무 빠르지 않도록 숫자 10을 4로 수정합니다. 그리고 벽에 닿으면 튕겨 나갈 수 있도록 `벽에 닿으면 튕기기` 블록을 무한 반복하기 안에 넣어 줍니다.

이대로 동작시키면 공은 좌우로만 움직이게 됩니다. 공이 여기저기 자연스럽게 튕겨 다니도록 하기 위해서는 공 스프라이트 속성에서 방향을 조금 틀어 주면 됩니다. 여기서는 50도 또는 -130도 정도 틀어 주었습니다.

벽에 닿으면 튕기는 것까지 완성되었습니다. 이제 라켓에 닿으면 튕겨 나가도록 코드를 작성해 봅니다.

3 벽에 닿으면 튕기도록 하는 것은 별도의 블록을 제공하므로 간단히 구현되었습니다. 하지만 스프라이트에 닿는 경우에 튕기도록 하는 블록은 없기 때문에 '공' 스프라이트가 '라켓' 스프라이트에 닿을 경우 180도에서 공의 방향(공이 날아온 방향)만큼을 뺀 값의 방향으로 공이 움직일 수 있도록 함으로써 튕겨 나가는 효과를 만들어 낼 수 있습니다. 마지막으로 라켓에 닿으면 닿는 소리를 넣어 줌으로써 게임의 재미를 더해 줍니다.

'공' 스프라이트의 완성된 스크립트는 다음과 같습니다.

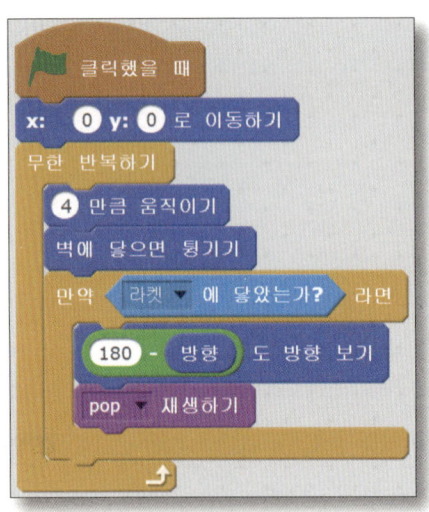

4 공이 벽돌에 맞으면 튕겨 나가도록 합니다.(방송하기 사용)
바로 앞에서 공이 라켓에 닿으면 튕겨 나가는 효과를 어떻게 만들어 내는지 배웠습니다. 이번에는 벽돌 스프라이트가 공이 자신에게 닿았다는 사실을 공 스프라이트에게 알려 주면, 그때 공 스프라이트가 자신의 방향을 계산해서 튕겨 나가는 효과를 주도록 하겠습니다.

이렇게 스프라이트 간에 무슨 일이 발생했는지 알려 주는 기능을 '방송하기' 기능이라고 합니다. 방송마다 이름을 붙여 줄 수 있는데, 여기서는 '벽돌맞음'이라고 붙여 보겠습니다.

`이벤트` 에서 `벽돌맞음 을(를) 받았을 때` 블록을 가져와서 '벽돌' 스프라이트로부터 '벽돌맞음' 방송을 전달받게 되면 '공' 스프라이트가 하게 될 일들을 생각해 봅니다. 앞의 라켓에 닿았을 때처럼 현재 날아간 방향을 180도에서 뺀 값의 방향으로 다시 날아가면 됩니다. 마지막으로 공이 라켓에 닿으면 소리가 나게 합니다. 이제 예상되는 스크립트를 작성해 봅니다. 다음과 같이 작성이 되었는지 확인해 봅니다.

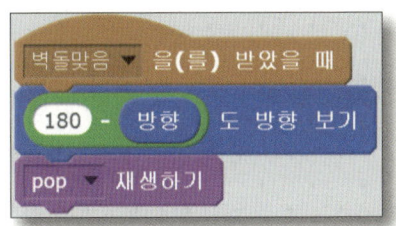

잠깐!
실행이 잘 안 되나요?
혹시 변수 이름에 스페이스가 들어가지는 않았는지 확인해 보세요. 예를 들어, '벽돌맞음'과 '벽돌 맞음'은 다릅니다. 특히 단어 앞뒤에 들어간 스페이스는 잘 안 보여서 꼼꼼히 살펴보아야 해요

### [2단계] 종료 조건 만들기

1. 프로그램이 시작되면 몇 개의 벽돌이 나타나게 할 것인지, 어디에 나타나게 할 것인지를 정해야 합니다. 그리고 공이 벽돌에 맞을 때마다 해당 벽돌이 사라지게 해야 하는데, 이를 위해 변수를 사용해야 합니다. 변수는 `데이터` 에서 `변수 만들기` 를 이용해서 만들 수 있습니다.

`변수만들기` 를 누르면 변수 이름을 정하게 됩니다. 여기서는 생성하게 될 벽돌의 수를 나타내는 '벽돌개수'라는 이름의 변수와 생성하는 벽돌의 x축 값을 갖는 '벽돌위치x축'이라는 이름의 변수를 만들겠습니다.

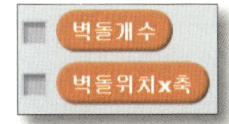

**잠깐!!** 변수명 옆의 체크박스는 변수명과 변수 값을 프로그램 실행 화면에 보이게 할지 숨기게 할지를 정해 주기 위한 체크박스입니다. 체크박스에 체크가 되어 있으면 변수명과 변수 값이 실행 화면에 나타나고, 체크가 되어 있지 않으면 변수명과 변수 값이 실행 화면에 보이지 않습니다.

**2** 벽돌을 여러 개 만드는 방법으로는, 먼저 벽돌 스프라이트를 여러 개 가져와서 일일이 배치하고 스크립트를 작성하는 방법이 있습니다. 벽돌 스프라이트가 각각 다른 기능을 한다면 이러한 방법이 적당합니다. 그러나 이번 게임에서는 모든 벽돌 스프라이트가 동시에 같은 기능을 하므로 자신을 그대로 복제하여 사용하는 것이 더욱 편리합니다.

복제를 할 때에는 [제어]에서 [나 자신▼ 복제하기] 블록을 사용할 수 있습니다. 이 블록을 사용할 경우, 동일 스프라이트의 스크립트 작업 공간에서 [복제되었을 때] 블록으로 시작되는 별도의 스크립트가 있어야 합니다. 이는 [나 자신▼ 복제하기] 블록을 실행했을 때 수행해야 하는 작업을 알려 주는 것입니다.

자, 이제 벽돌을 복제하고 배치하는 스크립트를 작성해 봅니다. 먼저, 변수 '벽돌개수'는 0으로, 변수 '벽돌위치x축'은 -170으로 처음 값을 정해 줍니다. 그리고 5번을 반복하면서 복제를 하게 되는데, 이때 반복 구간에는 '벽돌개수'를 1개씩 증가시켜서 총 5개까지 증가하도록 만듭니다. 또 새로 만들어지는 벽돌들의 위치를 정해 주어야 합니다. 제일 먼저 만들어지는 벽돌은 x 값이 -170, y 값이 120인 위치에서 시작하고, 이후 만들어지는 벽돌들은 가로로 80만큼씩 간격을 두고 나열되도록 하려고 합니다. 그러기 위해서는 '벽돌위치x축' 값을 80만큼 증가시켜서 일정한 간격으로 벽돌이 가로로 나열되도록 합니다.

여기까지 완성된 코드는 다음과 같습니다.

3  블록에는 복제된 벽돌들의 역할이 담겨 있는데, 공에 닿을 때까지 기다리다가 공에 닿으면 '공' 스프라이트에게 공이 벽돌에 맞았다는 '벽돌맞음' 방송을 송출합니다. 그리고 유효한 벽돌의 개수를 하나 줄인 후, 복제된 벽돌 스프라이트를 제거하는 방식으로 이루어집니다. 해당 복제본을 없애는 방법은  의  블록을 이용하면 됩니다.

복제되었을 때 스크립트는 다음과 같습니다.

4 게임을 종료하는 상황은 두 가지가 있습니다. 한 가지는 공을 라켓으로 받아내지 못하고 바닥에 떨어뜨린 경우이며, 다른 한 가지는 모든 벽돌을 다 맞춘 경우입니다.

우선, 공을 라켓으로 받아내지 못하고 바닥에 떨어뜨린 경우를 생각해 봅니다. 스크래치는 화면 좌우만 벽이라고 인식하는 것이 아니라 천장과 바닥도 벽이라고 인식합니다. 그래서 지금까지 작성된 스크립트를 실행시키면 바닥에 닿아도 공이 튕기는 것을 알 수 있습니다.

그러나 일반적인 게임에서는 라켓으로 공을 쳐내지 못한 경우에는 게임이 종료됩니다. 여기서도 비슷한 효과를 보이기 위해서 바닥 스프라이트를 만듭니다. 바닥 스프라이트에는 스크립트가 필요하지 않습니다. 다만, 공 스프라이트가 바닥 스프라이트에 닿을 경우 게임이 종료하도록 해야 하므로 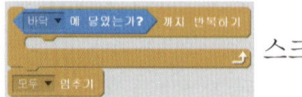 스크립트를 이용합니다.

공 스프라이트의 스크립트를 수정하여 완성하면 다음과 같습니다.

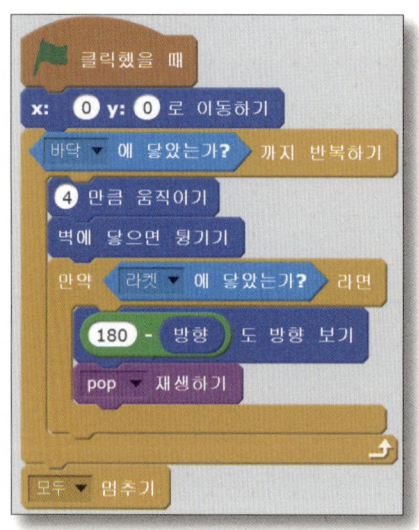

5  마지막으로 벽돌이 다 사라지게 되면 게임이 종료되는 부분을 넣도록 하겠습니다. 바로 앞에서 배운 것과 마찬가지로 ￣까지 기다리기 블록을 이용합니다. 이때 벽돌개수가 1보다 작아지는 경우( 벽돌개수 < 1 )가 발생하면 게임을 종료

( 모두▼ 멈추기 )합니다. 이를 스크립트로 작성하면 다음과 같습니다.

> 벽돌개수 < 1 까지 기다리기
> 모두▼ 멈추기

지금까지의 내용을 모두 반영한 완성된 벽돌 스프라이트의 스크립트 전문은 다음과 같습니다.

```
[클릭했을 때]
숨기기
벽돌개수▼ 을(를) 0 로 정하기
벽돌위치x축▼ 을(를) -170 로 정하기
5 번 반복하기
    벽돌개수▼ 을(를) 1 만큼 바꾸기
    x: 벽돌위치x축 y: 120 로 이동하기
    벽돌위치x축▼ 을(를) 80 만큼 바꾸기
    나 자신▼ 복제하기
벽돌개수 < 1 까지 기다리기
모두▼ 멈추기

[복제되었을 때]
보이기
공▼ 에 닿았는가? 까지 기다리기
벽돌맞음▼ 방송하기
벽돌개수▼ 을(를) -1 만큼 바꾸기
이 복제본 삭제하기
```

### Tip

**더해 볼 수 있는 것들**

- 공이 벽돌에 부딪힐 때마다 공의 속도가 증가하도록 해 보세요.
- 초기에 생성되는 벽돌이 겹쳐서 나타나는 경우가 많은데 겹치지 않고 나타나게 해 보세요.
- 벽돌을 다 맞추면 배경이 바뀌면서 다음 단계로 넘어가게 해 보세요.
- 점수를 넣어서 고득점 기록을 세울 수 있도록 해 보세요.
- 아이템 벽돌을 넣어서 그 벽돌을 맞출 경우, 보너스 점수를 부여한다거나 속도를 늦춰 주는 등 혜택을 제공해 보세요.

*그 밖에 어떤 기능을 추가할 수 있을까요?*

WWW에 사용하는 언어,

# HTML

## HTML 이란?

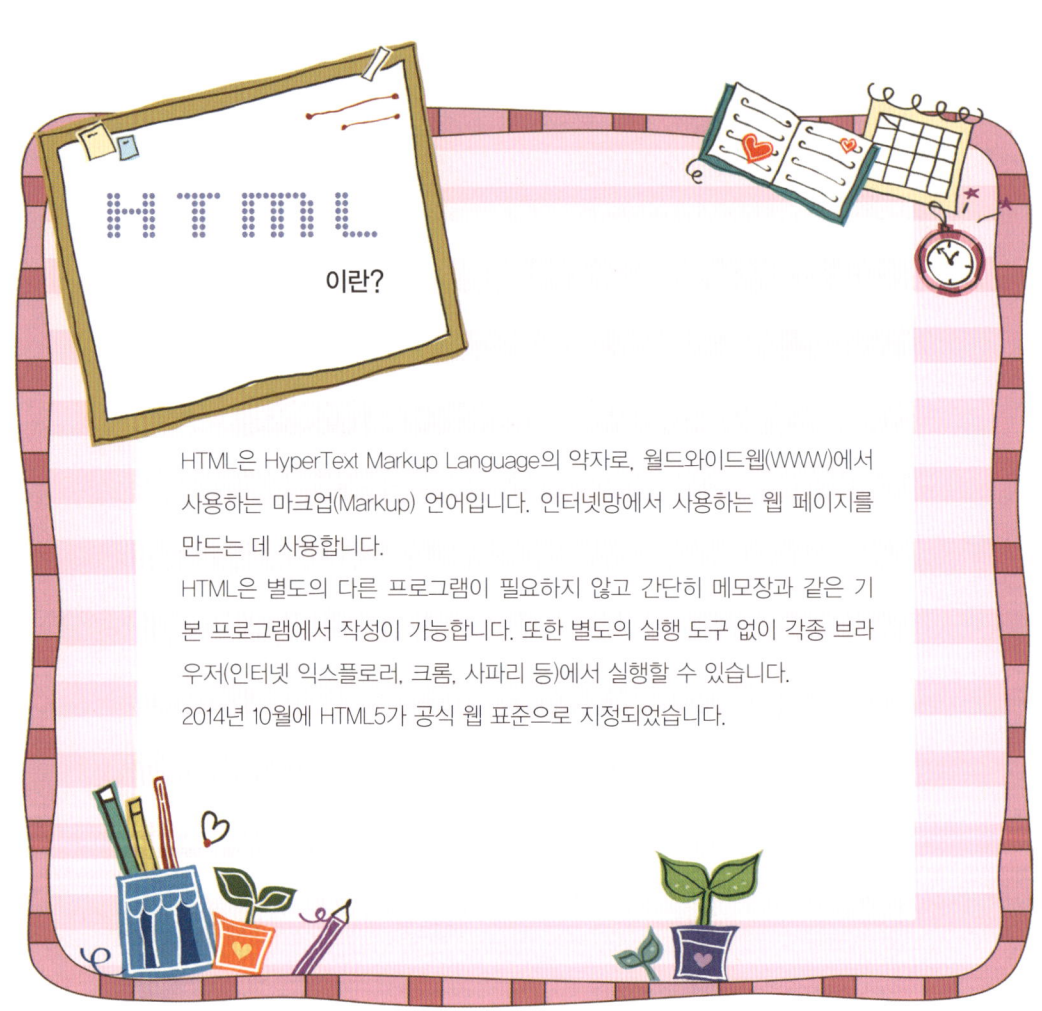

HTML은 HyperText Markup Language의 약자로, 월드와이드웹(WWW)에서 사용하는 마크업(Markup) 언어입니다. 인터넷망에서 사용하는 웹 페이지를 만드는 데 사용합니다.

HTML은 별도의 다른 프로그램이 필요하지 않고 간단히 메모장과 같은 기본 프로그램에서 작성이 가능합니다. 또한 별도의 실행 도구 없이 각종 브라우저(인터넷 익스플로러, 크롬, 사파리 등)에서 실행할 수 있습니다.

2014년 10월에 HTML5가 공식 웹 표준으로 지정되었습니다.

## CONTENTS ▶▶ ▶▶

1. HTML 시작하기
2. 나를 소개합니다!
3. 이미지를 불러 보자
4. 앨범을 만들어 보자
5. 페이지를 넘어가자, 하이퍼링크
6. 멀티미디어를 넣어 보자
7. 웹 문서의 디자인, CSS
8. 나만의 홈페이지 만들기

### HTML

**HTML 실행하기**
먼저, 윈도우즈에서는 기본 프로그램에 있는 메모장을 준비합니다.

**1**
**메모장에 코딩**
메모장에 자바스크립트로 코딩합니다.

**2**
**HTML로 저장**
저장할 때 파일 확장자를 웹 페이지인 html, htm으로 합니다.

**3**
**웹 브라우저로 확인**
윈도우즈에서는 익스플로러나 크롬과 같은 웹 브라우저로 확인합니다.

| 웹 표준 | 웹 표준은 월드 와이드 웹 컨소시엄(W3C)에서 정하는 것으로 웹에서 표준적으로 사용하는 기술을 총칭 |
|---|---|
| 마크업 언어 | 용량이 작아 서버와 클라이언트 사이에 문서를 빠르게 전달할 수 있음 |
| 운영체제에 독립적 | 어떤 시스템이나 운영체제에서도 쉽게 확인이 되고, 쉽게 작성할 수 있으며, 텍스트 파일로 이루어짐 |

# 1. HTML 시작하기

1. Windows의 메뉴에서 보조 프로그램-메모장을 실행합니다. 메모장을 사용하지 않고 웹에서 코드를 작성하고 즉시 결과를 확인하고 싶으면 https://jsbin.com/?html,output 사이트에서 바로 코딩하고 확인할 수 있습니다.

2. html은 별도의 프로그램이 필요 없이 웹 브라우저에서 실행이 가능합니다.

3. 다음과 같이 코딩합니다.

```
<html>
 <body>
  * 자기소개<br>      ← 'br'은 줄바꿈을 의미합니다.
    - 이름 : 김수환
 </body>
</html>
```

4. 저장할 때는 반드시 모든 파일로 선택하고, 확장자는 .htm이나 .html로 저장합니다.

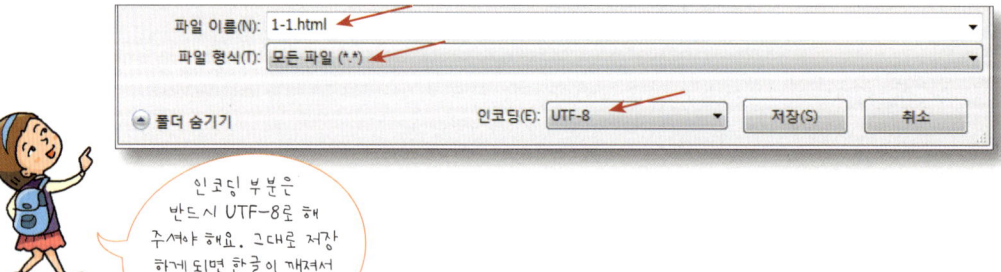

인코딩 부분은 반드시 UTF-8로 해 주셔야 해요. 그대로 저장하게 되면 한글이 깨져서 제대로 표현되지 않을 수 있어요.

5  저장된 폴더에서 확인해 보면 웹 페이지 파일로 저장된 것을 확인할 수 있습니다.

| 이름 | 수정한 날짜 | 유형 | 크기 |
|---|---|---|---|
| 이미지 | 2016-01-02 오후... | 파일 폴더 | |
| 1-1.html | 2016-01-02 오후... | HTML 문서 | 1KB |

6  더블클릭해서 익스플로러에서 보이는지 확인합니다.

> 익스플로러나 크롬에서도 열립니다.

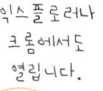

❖ html은 다음과 같은 구성 요소로 이루어져 있습니다.

| 구성 요소 | 내용 |
|---|---|
| 요소<br>(Elements) | html에서 시작 태그와 종료 태그로 이루어진 명령어를 말합니다.<br>예) **&lt;body&gt;** 문서의 본문 부분 **&lt;/body&gt;** |
| 태그(Tags) | '&lt;' 와 '&gt;' 사이에 있는 명령으로 요소의 일부를 말합니다.<br>일반적으로 시작 태그(&lt;    &gt;로 사용)와 종료 태그(&lt;/    &gt;로 사용)로 이루어져 있으나 시작 태그로만 사용하는 것도 있습니다.<br>예) **&lt;body&gt;** 문서의 본문 부분 **&lt;/body&gt;** |
| 속성<br>(Attributes) | 시작 태그 안에서 사용되며 세부적인 명령 내용이 포함됩니다.<br>예) &lt;p **align**="center"&gt; 문단을 가운데 정렬하기 &lt;/p&gt; |
| 속성 값<br>(Arguments) | 속성으로 지정하는 값을 말합니다.<br>예) p align="**center**" |

> 진하게 된 부분을 잘 살펴보세요.

❖ 다음 태그를 사용해 보고 어떤 경우에 사용하는지 찾아보세요.

*이 밖에도 다양한 태그는 인터넷 검색을 통해 쉽게 찾을 수 있습니다.*

● 기본 태그

<head> 문서의 설명, 머리 부분 </head>
<title> 이것은 문서 제목, 반드시 head 태그 안에서 사용하세요.</title>
<p> 문단, body 태그 안에서 사용하세요. </p>
<br> 줄바꿈할 때 사용합니다. 종료 태그가 없어도 됩니다.

● body 태그 속성들

text = "색상"              예 <body text="blue">
bgcolor = "색상"           예 <body text="red" bgcolor="gray">

*글자 태그는 html5에서는 지원하지 않을 예정입니다. 이 책에서는 기초 단계에서 활용합니다. 다음에 배울 7장의 CSS에서 지정할 수 있습니다.*

● 글자(font) 태그 속성들

size = "수치"              예 <font size="12"> 글자 크기 12 </font>
color = "색상"             예 <font color="red"> 글자 색깔 빨간색 </font>
face = "글꼴"              예 <font face="궁서체"> 글꼴 궁서체 </font>

### 잠깐!! 마크업(MARKUP) 언어란?

어떤 문서 안의 정보가 어떻게 구조화되었는가를 지정하는 언어를 말합니다. 이는 문서에 포함된 표, 그림 등과 같이 내용에 대한 정보를 말하는 것이 아니라 이들이 어떻게 배치되고 어떤 크기와 모양 등을 가지고 있는가 등의 정보를 의미합니다. 마크업 언어는 기본적으로 문서의 구조 형식을 태그(Tag)를 사용하여 지정합니다.

## 2. 나를 소개합니다!

**1** 메모장을 열고 html 기본 구조를 만듭니다.

```
<html>

 <head>
  <title>나를 소개합니다</title>
 </head>

 <body>
   * 자기소개<br>    ← 'br'은 줄바꿈을 의미합니다.
    - 이름 : 김수환
 </body>

</html>
```

**2** 나를 소개할 내용을 작성해 봅니다.

| 이름 | 이메일 | 특기 |
| 직업 | 페이스북 | 좌우명 |
| 나이 | 학력 사항 | 존경하는 인물 |
| 전화번호 | 취미 | : |

**3** 태그를 사용하여 각 문단과 글자에 적용할 글자 크기와 색상을 지정해 봅니다.

```
<b>글자를 진하게</b>
<i>글자를 이탤릭체로</i>
<u>글자에 밑줄</u>
<p align="left">문단을 왼쪽 정렬</p> center(가운데 정렬), right(오른쪽 정렬)
```

**4** 나를 소개하는 웹 페이지를 만들어 봅니다.

```
<html>

<head>
 <title>수환이를 소개합니다</title>
</head>

<body>
 <p align="center"><font size="12">자기소개서</font></p>
 <p><font size="6" face="바탕체"> * 기본사항 </p>
 <p><font size="4" >
  - 이름 : 김수환                    <br>
  - 생년월일 : 1900. 00. 00         <br>
  - 주소 : 서울 동작구 사당동        <br>
  - 전화 :                          <br>
  - 이메일 :
 </p>

 <p><font size="6" face="바탕체"> * 학력사항 </p>
 <p><font size="4" >
  - 00 초등학교 졸업                <br>
```

```
    - 00 중학교 졸업            <br>
    - 00 고등학교 졸업          <br>
    - 00 대학교 재학
    </p>

</body>

</html>
```

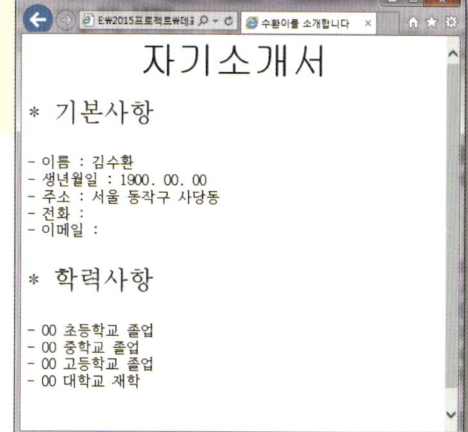

개인이나 기업 홈페이지도 이런 구조로 이루어져 있어요. 인터넷에서 나를 나타낼 수 있는 페이지를 만들려면 어떤 내용으로 넣으면 좋을지 생각해 보세요.

개인 홈페이지를 만들고 운영하기 위해서는 웹 서버가 필요합니다. 최근에는 무료로 웹 서버 공간을 제공하는 업체가 많이 있습니다. '무료 웹 호스팅'으로 검색해 봅니다.

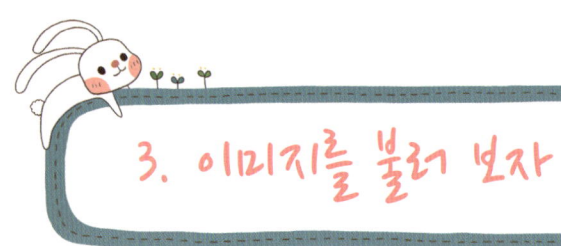

### 3. 이미지를 불러 보자

**1** 메모장을 열고 html 기본 구조를 만듭니다.

```
<!doctype html>    <!-- html 문서라고 정의 -->
<html>

  <head>
    <title>이미지 다루기</title>
  </head>

  <body>

  </body>

</html>
```

이제 html 구조에 익숙해졌으니, 이 문서가 html 문서라는 것을 알려 주는 것이 좋아요. <!doctype html>이 바로 html 문서라고 알려 주는 것이에요.

<!-- 설명 내용 -->은 html에서 코드에 대한 설명(주석)을 써 줄 때 사용해요. 주석은 코드로 볼 때만 나타나고 브라우저상에서는 나타나지 않아요.

2 네이버나 다음에서 사용할 이미지를 선택합니다. 오른쪽 마우스를 눌러 '속성'을 클릭합니다. '속성' 창이 뜨면 주소 부분을 드래그하여 복사합니다.

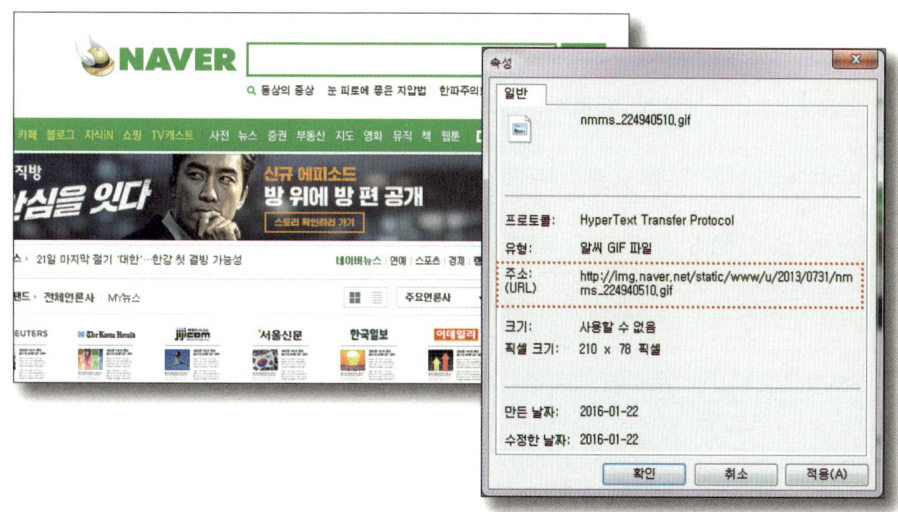

3 이미지 태그를 사용하여 그림을 삽입합니다.

```
<!doctype html>
<html>
 <head>
  <title>이미지 다루기</title>
 </head>
 <body>
  <img src = "http://img.naver.net/static/www/u/2013/0731/nmms_224940510.gif" alt="네이버로고">
 </body>
</html>
```

> img 태그는 src 속성을 사용해야 합니다. src 다음에 복사한 이미지 주소를 붙여 넣으면 됩니다. alt 다음에 이미지가 보이지 않을 경우 지정한 값이 표시되도록 문구를 넣습니다. 일반적으로 그림 제목을 넣습니다.

4  파일을 html로 저장한 후, 파일을 더블클릭하여 웹 브라우저에서 확인합니다.

5  img 태그의 속성 값을 알아보고 여러 가지로 변경해 봅니다.

| 속성 | 설명 |
| --- | --- |
| src = "주소" | 그림 주소를 지정합니다. 보통 http://로 시작하는 그림 주소를 복사해서 넣습니다. |
| width = "수치" | 그림의 가로 크기를 지정합니다. 픽셀 값을 사용하여 지정합니다. |
| height = "수치" | 그림의 세로 크기를 지정합니다. 픽셀 값을 사용하여 지정합니다. |
| alt = "내용" | 그림의 설명을 지정합니다. 그림이 보이지 않을 때 설명글이 보이게 됩니다. |
| border = "수치" | 그림의 테두리 두께를 지정합니다. |
| align = "정렬" | 주변의 요소와 맞추어 정렬 방법을 지정합니다.<br>bottom, middle, left, right |

6  그림과 글자를 같이 배치하고 싶을 때는 어떻게 해야 할까요?

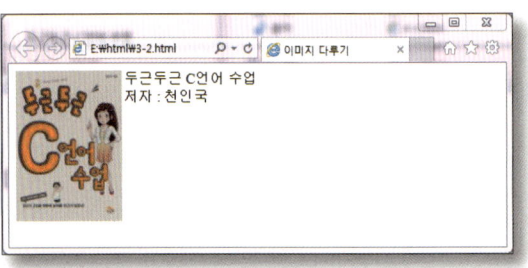

align="left"
<br> 사용

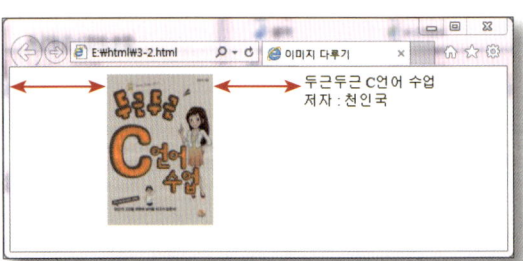

align="left"
vspace="100"
<br> 사용

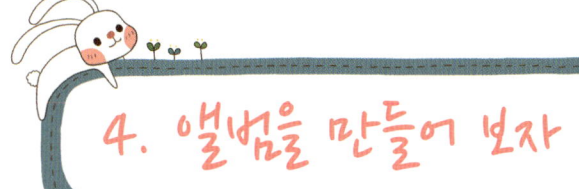
## 4. 앨범을 만들어 보자

[1] 웹 페이지로 앨범을 만들려면 어떻게 해야 할지 레이아웃을 생각해 봅니다.

- 단을 나누어서 사용하는 방법
- 표를 이용하는 방법
- 그림과 글자를 태그를 이용하여 배치하는 방법

[2] html에서 표를 만드는 방법을 알아봅니다.

```
<!doctype html>
<html>
 <head>
  <title>표 만들기</title>
 </head>
 <body>
  <table border="1">
   <tr>
    <td> 1행 1열</td>
    <td> 1행 2열</td>
   </tr>
   <tr>
    <td> 2행 1열</td>
    <td> 2행 2열</td>
   </tr>
  </table>
 </body>
</html>
```

3 html에서는 아래와 같이 표가 나타납니다.

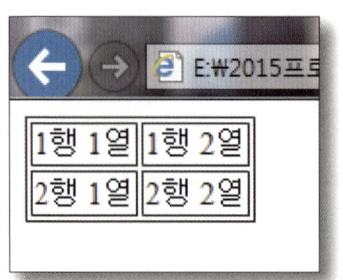

❖ 표(table)의 속성을 알아봅니다.

| 속성 | 설명 |
|---|---|
| border = "수치" | 테두리의 두께를 지정합니다. |
| width = "수치" | 표의 가로 길이를 지정합니다. |
| height = "수치" | 표의 세로 길이를 지정합니다. |
| align = "정렬" | 표에서 정렬 방법을 지정합니다. |

4 표를 이용해서 앨범 틀을 만들어 봅니다.

```
<!doctype html>
<html>
 <head>
  <title>앨범 만들기</title>
 </head>
 <body>
 <p align="center"><font size="20">나의 앨범</font></p>
```

```
    <table border="1" width="800" height="800" align="center">
      <tr align="center">
        <td> 1행 1열</td>
        <td> 1행 2열</td>
      </tr>
      <tr align="center">
        <td> 2행 1열</td>
        <td> 2행 2열</td>
      </tr>
      <tr align="center">
        <td> 3행 1열</td>
        <td> 3행 2열</td>
      </tr>
    </table>
  </body>
</html>
```

5  표의 각 셀에 3장의 이미지를 넣어 보세요.
   각 셀에 이미지 삽입 방법을 활용하여 나의 이미지를 넣어 보세요.

| 현재 소스 | 이미지 삽입 방법 |
|---|---|
| `<td> 1행 1열</td>` | `<td><img src="images/4-01.jpg"></td>` |
| `<td> 1행 2열</td>` | `<td><img src="images/4-02.jpg"></td>` |

img src 다음에 지금처럼 images/4-01.jpg와 같은 주소를 사용하려면 웹 서버에 앨범.html 파일이 같은 웹 서버에 있어야 합니다.

앨범을 만들기 위해서는 다운로드한 폴더에서 이미지 파일을 복사하여 imgages 폴더 안에 넣어 주어야 합니다. 즉, 그림과 같이 4-2.html 파일과 images 폴더가 있어야 하고, images 폴더 안에 4-01.jpg, 4-02.jpg, …와 같은 파일들이 있어야 합니다.

**6** 나의 앨범 웹 페이지는 아래의 그림과 같이 나타납니다.

각 사진 위에 사진 제목을 넣고 싶은데, 어떻게 해야 할까요? 각 사진 위에 셀을 추가해서 사진 제목을 넣는 방법을 생각해 보세요.

HTML   79

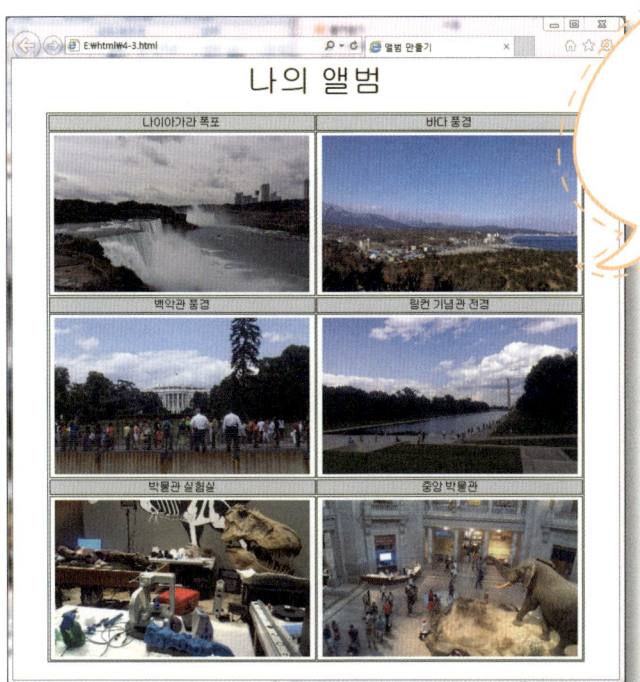

bgcolor는 배경색을 바꾸는 속성입니다. red, green과 같은 영어로 된 컬러 값을 사용해도 되지만, #RRGGBB와 같은 RGB 코드 값을 이용해도 됩니다. 웹에서 RGB 코드 값을 검색해서 알아보세요. 최근에는 bgcolor와 같은 속성의 경우 디자인을 담당하는 CSS에서 지정해 줍니다. 7장, 8장에서 자세하게 배워요.

```
<table border="1" width="800" height="800" align="center">
  <tr align="center" bgcolor="lightgray">
    <td>나이아가라 폭포</td>
    <td>바다 풍경</td>
  </tr>
  <tr align="center" bgcolor="lightgray">
    <td><img src="images/4-01.jpg" width="380"></td>
    <td> <img src="images/4-02.jpg" width="380"></td>
  </tr>
    .
    .
    .
```

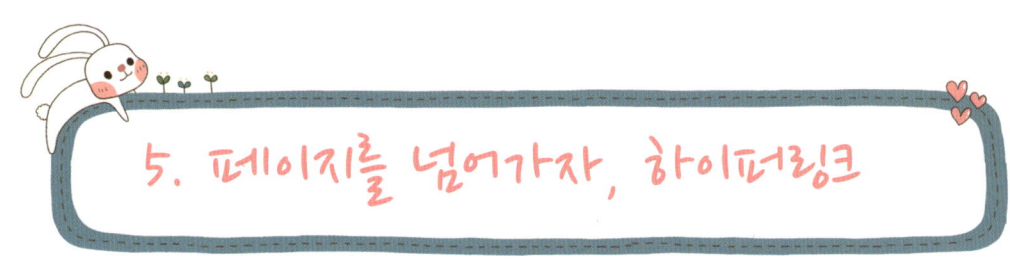

# 5. 페이지를 넘어가자, 하이퍼링크

1️⃣ 웹 페이지를 서로 연결하기 위해서는 하이퍼링크 기능을 이용해야 합니다. 하이퍼링크 기능을 활용해서 다양한 링크 페이지를 만들어 봅니다.

```
<!doctype html>
<html>
 <head>
  <title>하이퍼링크</title>
 </head>
 <body>
  <a href="http://naver.com">네이버</a>
 </body>
</html>
```

> 하이퍼링크(hyperlink)란 글자나 그림 또는 웹 페이지를 연결하는 것을 말합니다.

인터넷에 있는 모든 웹 페이지는 하이퍼링크 기능을 이용하여 서로 연결되어 있습니다. html에서는 'a href=웹 페이지 주소' 태그만 이용하면 손쉽게 하이퍼링크 기능을 구현할 수 있습니다. 홈페이지의 메뉴도 이런 하이퍼링크 기능을 이용하여 만들 수 있습니다.

2 하이퍼링크가 만들어지면 미리 설정된 속성에 따라 파란 글자와 밑줄이 나타납니다. 파란 글자를 누르면 해당 웹 페이지로 연결됩니다.

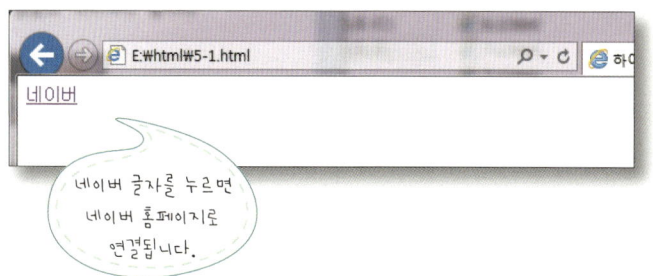

네이버 글자를 누르면
네이버 홈페이지로
연결됩니다.

❖ **하이퍼링크 태그의 속성을 알아봅니다.**

| 속성 | 설명 |
| --- | --- |
| href = "주소" | 링크가 연결된 주소를 지정합니다. |
| id = "이름" | 웹 페이지 내에서 이동할 위치를 지정합니다. |
| target = "속성" | 링크가 열릴 창을 지정합니다.<br>_self : 현재 창에서 바로 보여 줍니다. target 속성을 사용하지 않으면 기본 값으로 현재 창에서 바로 보여 줍니다.<br>_blank : 새로운 창으로 보여 줍니다. |
| title = "내용" | 링크에 마우스를 올렸을 때 보이는 내용을 지정합니다. |

3 이미지에 링크를 걸어 봅니다.

```
<!doctype html>
<html>
 <head>
  <title>하이퍼링크</title>
 </head>
```

```
<body>
  <a href="http://www.booksr.co.kr/"> <img src="http://www.booksr.co.kr/image/common/logo.gif"></a>
 </body>
</html>
```

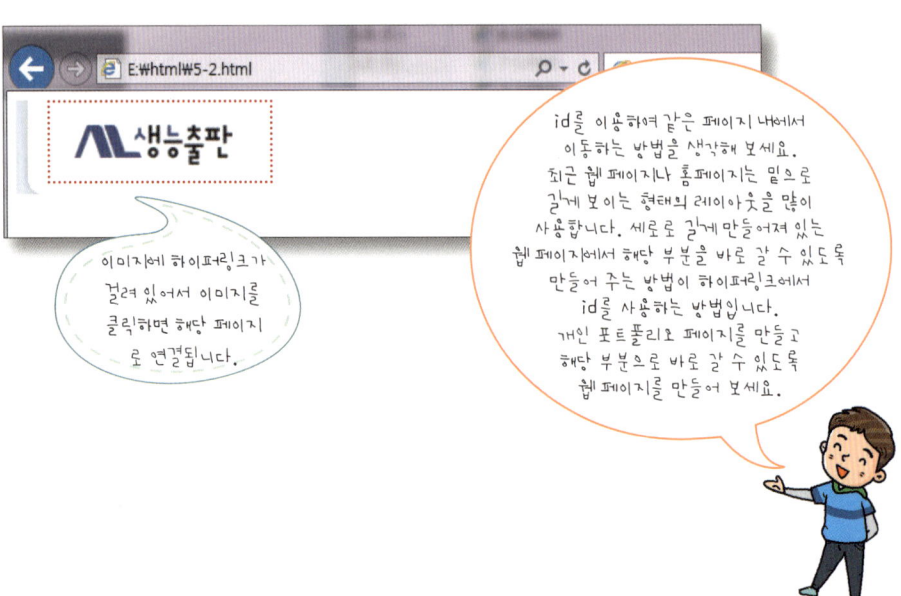

```
<!doctype html>
<html>
 <head>
  <title>나의 도서 목록 포트폴리오</title>
 </head>
 <body>
  <p><font size="6"> 나의 도서 목록 포트폴리오</font></p>
  <p>나의 도서 목록 포트폴리오에서는 현재까지 내가 읽은 도서 목록과 간단한 도서 내용을 요약해서 보여 드립니다.</p>
```

```
<ul>
  <li><a href="#book01">데미안</a></li>
  <li><a href="#book02">죄와벌</a></li>
  <li><a href="#book03">인간의 굴레</a></li>
  <li><a href="#book04">사람은 무엇으로 사는가?</a></li>
  <li><a href="#book05">동물농장</a></li>
  <li><a href="#book06">젊은 베르테르의 슬픔</a></li>
  <li><a href="#book07">곰의 제국</a></li>
  <li><a href="#book08">마지막 강의</a></li>
  <li><a href="#book09">논어</a></li>
  <li><a href="#book10">정의란 무엇인가?</a></li>
```

#book01은 id book01이 있는 곳으로 하이퍼링크가 됩니다. 문서 내에서 연결됩니다.

```
<br><br><br><br><br><br><br><br><br><br>
<hr>
```
← 회색 가로 구분선이 표시됩니다.
```
<br><br><br><br><br><br><br><br><br><br><br><br><br><br><br><br>
<br><br><br><br><br><br><br>

<h3>도서 요약</h3>
  <table width="800" border="1">
    <tr>
      <td bgcolor="lightgray"><a id="book01"></a>데미안
      </td>
    </tr>
    <tr>
      <td>- 저자 :        <br>
         - 출판사 :      <br>
         - 책소개 :
      </td>
    </tr>
    <tr>
```

위의 #book01과 연결됩니다.

책의 목록과 내용이 많으면 줄바꿈 코드가 필요하지 않습니다. 현재는 빈 줄을 삽입하기 위해 많이 사용한 것입니다.

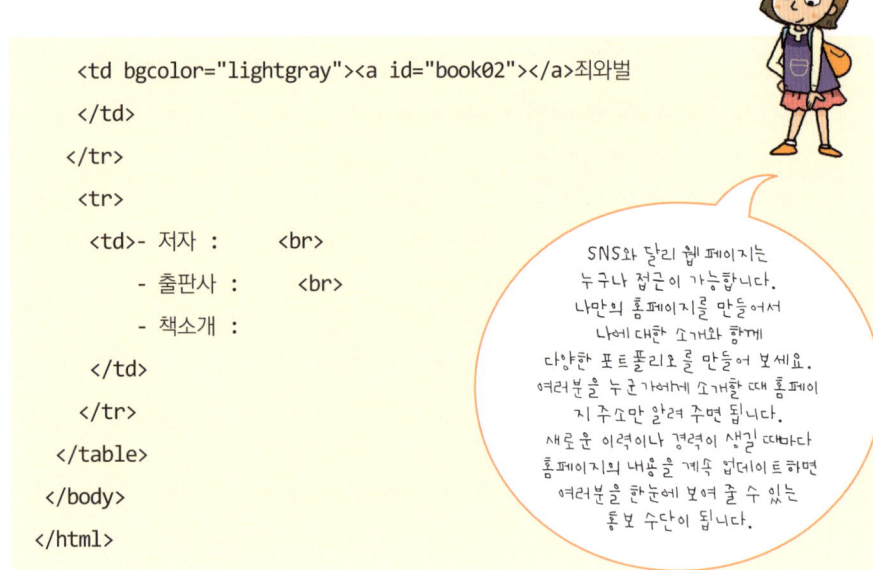

```
            <td bgcolor="lightgray"><a id="book02"></a>죄와벌
            </td>
          </tr>
          <tr>
            <td>- 저자 :         <br>
                - 출판사 :       <br>
                - 책소개 :
            </td>
          </tr>
        </table>
      </body>
    </html>
```

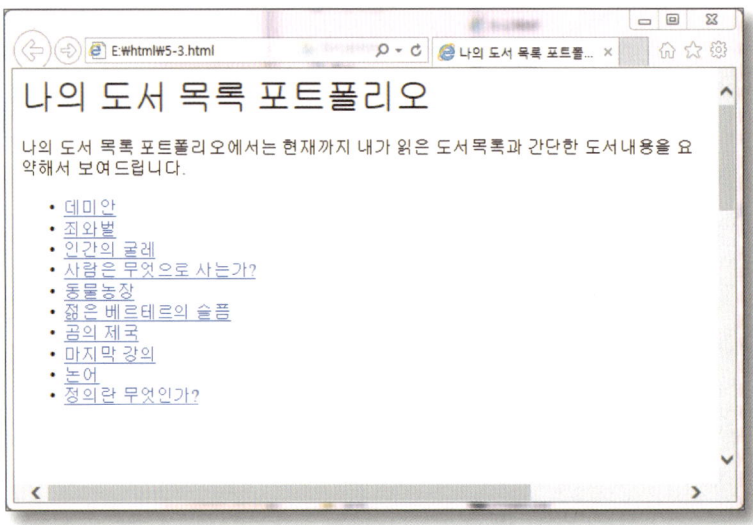

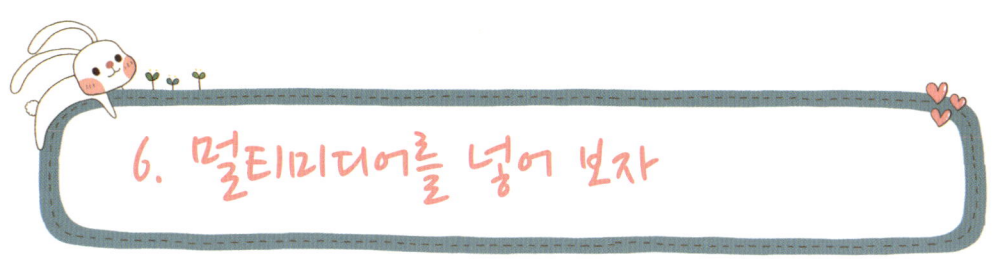

# 6. 멀티미디어를 넣어 보자

1. 나를 소개하는 홈페이지를 만들 때, 이미지뿐만 아니라 다양한 멀티미디어를 삽입하면 어떨까요? 나를 소개하는 동영상이나 내가 만들었던 멀티미디어를 홈페이지에서 바로 보여 줄 수 있도록 만들어 봅니다.

2. 오디오를 삽입하는 방법을 알아봅니다.

```html
<!doctype html>
<html>
 <head>
  <title>오디오 삽입하기</title>
 </head>
 <body>
   <audio controls>
     <source src="song.mp3" type="audio/mp3">
     브라우저에서 오디오를 지원하지 않습니다<br>
   </audio>
 </body>
</html>
```

이 음악 파일이 html 파일과 같은 폴더 안에 있어야 합니다. 여러분이 가지고 있는 음악 파일을 같은 폴더로 옮기고 파일명을 바꾸세요.

html5 전에는 오디오나 비디오를 재생하기 위해 복잡한 태그를 사용해야 했지만, html5부터는 오디오나 비디오를 쉽게 표현할 수 있도록 audio, video 요소가 추가되었습니다.

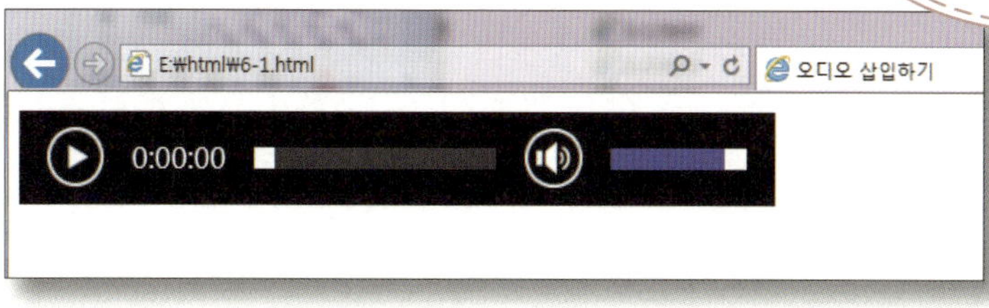

❖ html5에서 지원하는 오디오 파일의 종류와 지원되는 브라우저 버전을 알아봅니다.

| 파일 형식 | 설명 |
|---|---|
| MP3(.mp3) | MPEG-1의 오디오 규격으로 개발된 형식으로 현재 널리 이용되고 있습니다. |
| WAVE(.wav, .wave) | MS 사와 IBM이 개발한 비압축 형식의 오디오 파일입니다. 주로 윈도우즈에서 사용됩니다. |
| OGG(.ogg, .ogv) | 스트리밍 방식의 멀티미디어 표현을 위한 공개 소스 기반의 파일 형식입니다. |

| 인터넷 익스플로러 | 크롬 | 파이어폭스 | 사파리 | 오페라 |
|---|---|---|---|---|
| 9.0 | 4.0 | 3.5 | 4.0 | 10.5 |

| 브라우저 | MP3 | Wav | Ogg |
|---|---|---|---|
| 인터넷 익스플로러 | YES | NO | NO |
| 크롬 | YES | YES | YES |
| 파이어폭스 | YES | YES | YES |
| 사파리 | YES | YES | NO |
| 오페라 | YES | YES | YES |

❖ audio 요소의 속성을 알아봅니다.

| 속성 | 설명 |
| --- | --- |
| src = "파일 주소" | 재생할 오디오 파일의 주소를 지정합니다. |
| type = "오디오 타입" | 오디오 파일의 타입을 지정합니다. 웹 브라우저는 오디오 파일을 로드하지 않고도 먼저 재생 가능한지 type을 통해 확인할 수 있습니다.<br>type = "audio/mpeg" (mp3의 경우)<br>type = "audio/ogg" (ogg의 경우)<br>type = "audio/wav" (wav의 경우) |

3   비디오를 삽입하는 방법을 알아봅니다.

```
<!doctype html>
<html>
 <head>
  <title>비디오 삽입하기</title>
 </head>
 <body>
   <video witdh="400" height="300" controls>
    <source src="martian.mp4" type="video/mp4">
    브라우저에서 비디오를 지원하지 않습니다<br>
   </video>
 </body>
</html>
```

> 이 영상 파일이 html 파일과 같은 폴더 안에 있어야 합니다. 여러분이 가지고 있는 영상 파일을 같은 폴더로 옮기고 파일명을 바꾸세요.

❖ html5에서 지원하는 비디오 파일의 종류와 지원되는 브라우저 버전을 알아봅니다.

| 파일 형식 | 설명 |
| --- | --- |
| OGG(.ogg, .ogv) | 스트리밍 방식의 멀티미디어 표현을 위한 공개 소스 기반의 파일 형식입니다. |
| MPEG4(.mp4, .m4v) | MPEG-4에서 규정된 비디오 파일 형식입니다. |
| WebM(.webm) | 구글이 html5의 동영상에 사용하기 위해 개발한 오픈 소스 방식의 멀티미디어 파일입니다. |

| 인터넷 익스플로러 | 크롬 | 파이어폭스 | 사파리 | 오페라 |
| --- | --- | --- | --- | --- |
| 9.0 | 4.0 | 3.5 | 4.0 | 10.5 |

| 브라우저 | MP4 | WebM | Ogg |
|---|---|---|---|
| 인터넷 익스플로러 | YES | NO | NO |
| 크롬 | YES | YES | YES |
| 파이어폭스 | YES | YES | YES |
| 사파리 | YES | NO | NO |
| 오페라 | YES(from Opera 25) | YES | YES |

❖ video 요소의 속성을 알아봅니다.

| 속성 | 설명 |
|---|---|
| src = "파일 주소" | 재생할 비디오 파일의 주소를 지정합니다. |
| width = "수치"<br>height = "수치" | 비디오의 가로 크기와 세로 크기를 지정합니다. |
| type = "비디오 타입" | 비디오 파일의 타입을 지정합니다. 웹 브라우저는 비디오 파일을 로드하지 않고도 먼저 재생 가능한지 type을 통해 확인할 수 있습니다.<br>type = "video/mp4" (mp4의 경우)<br>type = "video/ogg" (ogg의 경우)<br>type = "video/webm" (webm의 경우) |

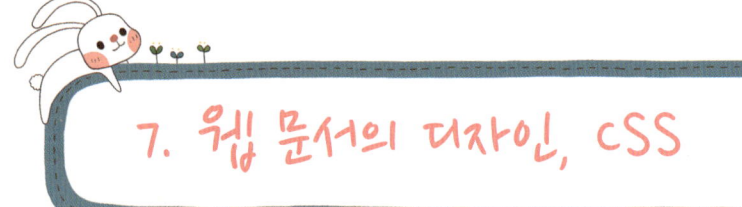

# 7. 웹 문서의 디자인, CSS

① 지금까지는 디자인에 상관없이 요소에서 속성을 사용하여 여러 가지 색상이나 글꼴, 크기 등을 바꾸어 보았습니다. 최종적으로 html을 이용한 나만의 홈페이지를 만들려면 홈페이지 전체의 디자인을 생각해야 합니다. 따라서 여기에서는 html에서 디자인을 담당하고 있는 CSS(Cascading Style Sheets)를 사용하여 다양한 디자인을 만들어 봅니다.

② 2장에서 배웠던 글자 관련 속성을 다시 한 번 살펴봅니다.

```html
<p align="center"><font size="12">자기소개서</font></p>
<p><font size="6" face="바탕체"> * 기본사항 </p>
<p><font size="4" >
 - 이름 : 김수환            <br>
 - 생년월일 : 1900. 00. 00   <br>
 - 주소 : 서울 동작구 사당동   <br>
 - 전화 :                   <br>
 - 이메일 :
</p>

<p><font size="6" face="바탕체"> * 학력사항 </p>
<p><font size="4" >
 - 00 초등학교 졸업          <br>
```

2-1.html 파일을 열어 보세요.

```
    - 00 중학교 졸업        <br>
    - 00 고등학교 졸업       <br>
    - 00 대학교 재학
  </p>
```

> 앞의 코드를 살펴보면 face, size 등의 값이 사용할 때마다 지정되어 있어요. 일반적으로 이렇게 글자의 글꼴이나 색상, 크기 등을 지정하는 것을 스타일을 지정한다고 해요. html에서도 스타일을 미리 지정해 놓고 사용할 수 있어요. CSS를 이용해서 스타일을 지정하면 여러 가지 장점이 있습니다.

**3** 간단한 CSS를 만들어서 사용해 봅니다.

```html
<!doctype html>
<html>
 <head>
  <title>CSS 사용하기</title>

  <style>
    p {
    font-family: "바탕체";
    font-size: 20px;
    color: blue;
    }
  </style>

 </head>

 <body>
    <p>CSS를 만들어 봅시다!</p>   ← 이 부분의 글자에 미리 지정한 스타일이 적용
 </body>
</html>
```

> CSS는 head 부분에 style 태그를 이용해서 지정합니다. p 태그의 속성을 미리 지정해 놓고, 본문에서 p 태그가 사용된 곳에는 지정한 스타일을 사용하게 해 줍니다.

### CSS를 사용하는 3가지 방법

1. 인라인 방식 : <p style="color:blue;">
2. 임베디드 방식 : head 태그 안에 style 태그를 삽입하는 방식입니다. (❸과 같은 방식)
3. 외부 링크 방식 : css 파일을 만들어 놓고 연결하여 사용하는 방식입니다. .css 파일을 미리 만들어 놓고 사용

❹ 외부 CSS 파일을 만들고 연결하는 방법을 활용해 봅니다. 먼저 스타일을 지정하는 CSS 파일을 아래와 같이 만듭니다. 아래와 같이 작성하여 **style.css**로 저장합니다.

```css
body {
    background-color: lightgrey;
}

h1 {
    color: blue;
}

p {
    color:green;
}
```

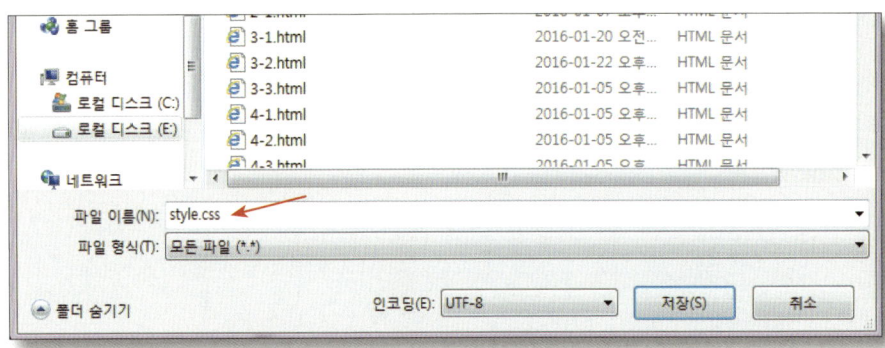

5  이제 style.css를 연결하여 사용할 html 파일을 만들어 봅니다.

```
<!doctype html>
<html>
 <head>
   <link rel="stylesheet" href="style.css">
 </head>
 <body>
  <h1>h1 스타일이 적용됩니다.</h1>
  <p>p 스타일이 적용됩니다.</p>
 </body>
</html>
```

여기에 연결된 CSS 파일명을 써 줍니다.

style.css 파일에서 미리 지정한 h1의 속성과 p의 속성이 적용됩니다.

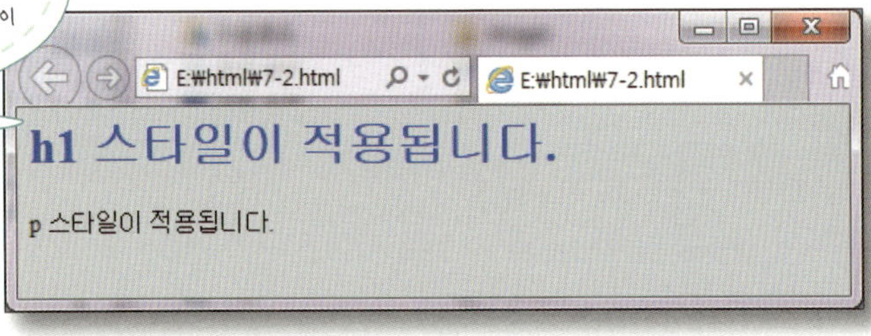

CSS 파일을 미리 잘 만들어 놓으면, 여러 html 문서에서 사용할 수 있어요. 우리가 최종적으로 만들려고 하는 나만의 홈페이지도 CSS 파일을 이용해요.

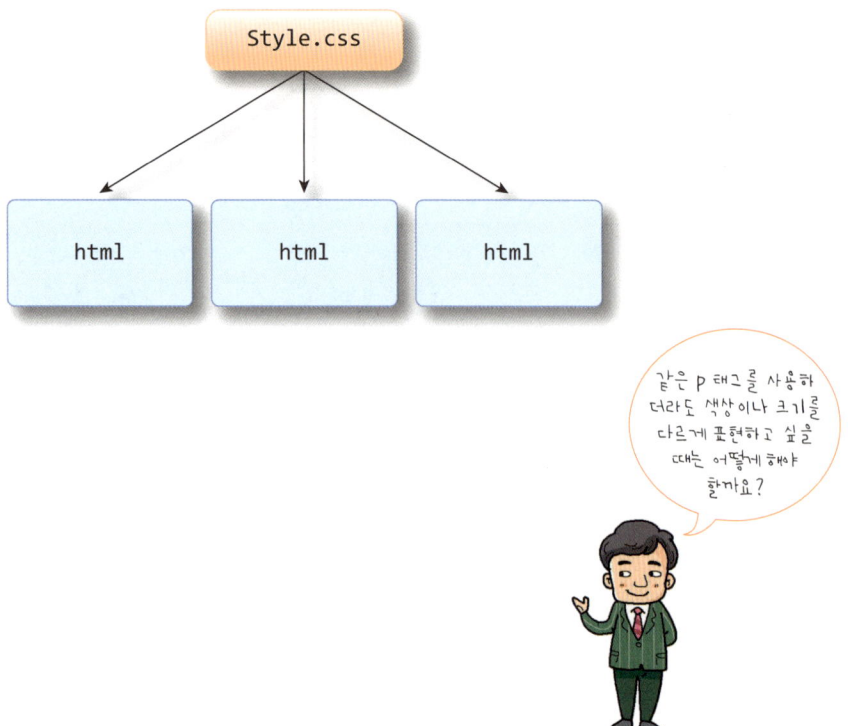

6 스타일은 한군데에서만 사용할 수 있는 아이디를 지정하여 사용합니다. 아이디를 지정해서 사용하면 같은 p 태그라고 할지라도 다양한 스타일을 사용할 수 있습니다.

7 먼저 다음과 같이 CSS 파일을 만듭니다.

```
body { background-color: lightgrey;}
h1 {color: blue;}
p#text1 { color:black; font-size:20pt }
p#text2 { color:red; font-size:20pt }
```

8 스타일을 지정할 html 문서를 아래와 같이 만듭니다.

```
<!doctype html>
<html>
 <head>
   <link rel="stylesheet" href="style.css">
 </head>
 <body>
  <h1>h1 스타일이 적용됩니다.</h1>
  <p id="text1">text1 스타일이 적용됩니다.</p>
  <p id="text2">text2 스타일이 적용됩니다.</p>
 </body>
</html>
```

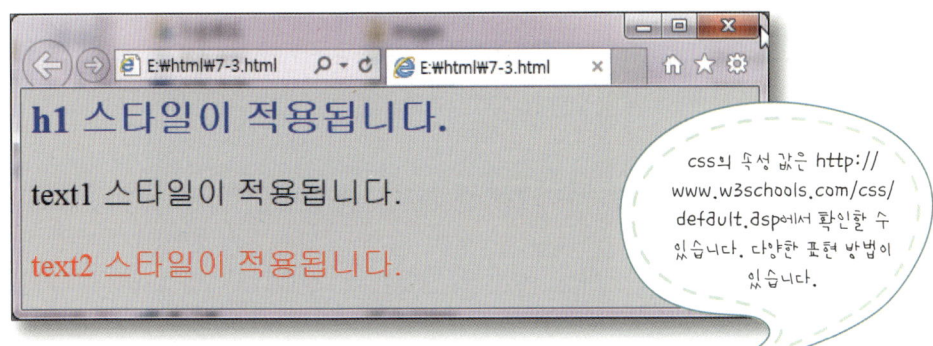

css의 속성 값은 http://www.w3schools.com/css/default.asp에서 확인할 수 있습니다. 다양한 표현 방법이 있습니다.

자기 소개서 파일에 css를 적용해 보세요.

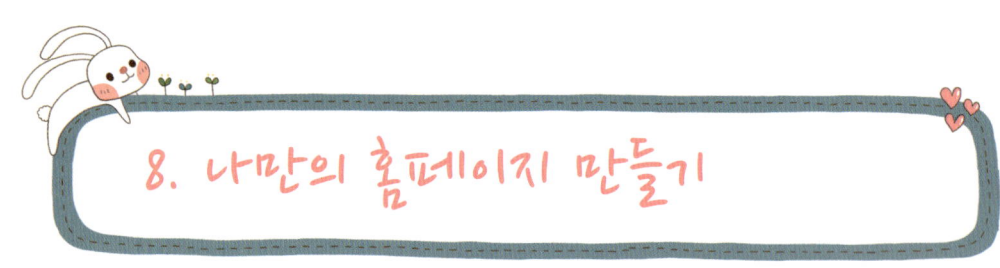

# 8. 나만의 홈페이지 만들기

1 지금까지 배운 html의 모든 내용을 활용하여 나만의 홈페이지를 만들어 봅니다. html5 이전의 홈페이지는 다음 그림과 같이 프레임을 나누어서 사용하였습니다.

2. 최근에는 프레임을 구분하지 않고 영역을 나누어서 한 페이지로 구성하는 방법을 주로 사용합니다. html5에서는 CSS를 이용해서 각 영역을 미리 지정하여 사용할 수 있습니다.

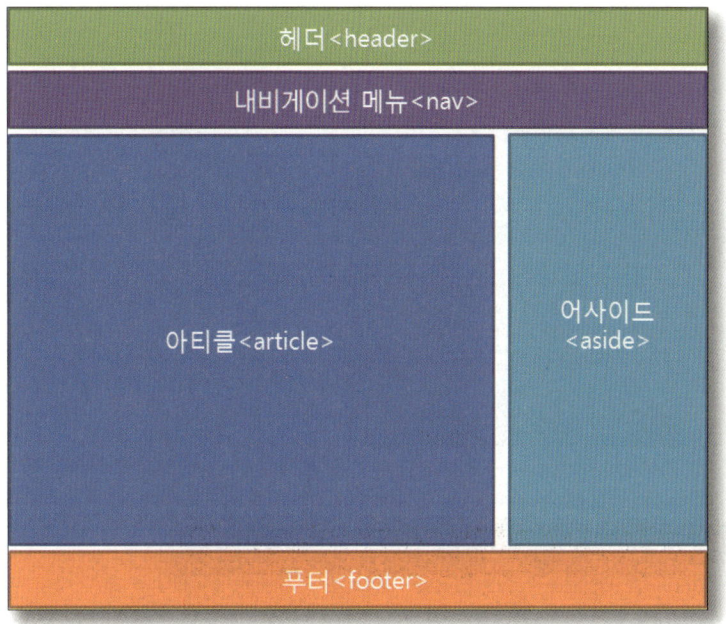

더 생각해 보기

네이버나 다음과 같은 포털 페이지가 어떻게 구성되었는지 생각해 보세요.
'소스 보기'를 통해 확인해 볼 수 있습니다.

3 나만의 홈페이지를 만들기 위해 홈페이지 레이아웃을 구성합니다.

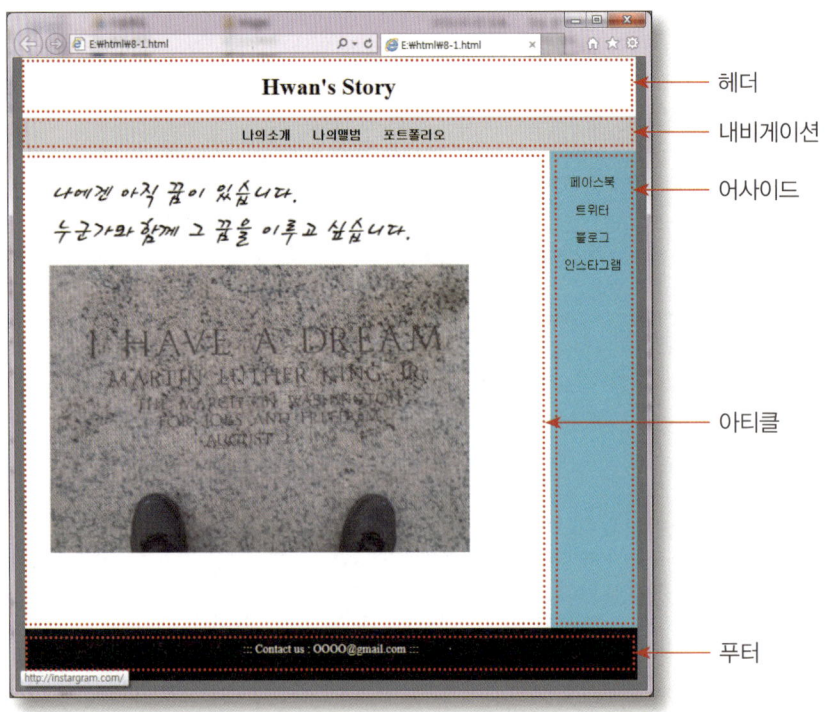

4 내비게이션 부분의 메뉴에 연결할 웹 페이지를 만듭니다.

| 메뉴 | 연결할 페이지 |
| --- | --- |
| 나의 소개 | 2-1.html(소개 페이지) |
| 나의 앨범 | 4-3.html(앨범 페이지) |
| 포트폴리오 | 6-3.html(동영상 페이지) |

앞 장에서 만든 여러 가지 웹 페이지를 활용하면 좋아요.

최근에는 연결할 페이지도 모든 영역이 포함된 코드로 만들어져서 페이지가 전체적으로 변경되는 방법을 사용합니다. 이 책에서는 기존의 코드를 최대한 수정하지 않고 사용하도록 **iframe** 태그를 사용하여 만듭니다.

5 먼저 아래와 같이 CSS로 메인 페이지 디자인을 만듭니다. **style_home.css** 파일로 저장합니다.

```css
body {margin:0; padding:0; background-color:gray;
}
.wrap { width:850px; background-color:white; margin:0; margin-right: auto; margin-left: auto; }
header {
    background-color:white;
    width:850px;
    height:80px;
    text-align:center;
    padding:0.1px 0 0 0;
}
a { text-decoration:none; color:black;}
nav a:hover {color:gray; border-color:darkgray; }
nav {
    width:850px;
    background-color:lightgray;
    height:45px;
    text-align:center;
    text-color:black;
    padding:0.1px 0 0 0;
}
nav li{display:inline; padding:5px; }
nav a {
text-decoration:none; color:black; padding:8px;
border-style:hidden hidden solid hidden; border-color:transparent; font-weight: bold;}
```

```css
nav a:hover{color:gray; border-color:darkgray;}
article {
    width:700px;
    background-color:white;
    float:left;
    padding:10px;
}
aside {
    width:120px;
    background-color:aqua;
    float:right;
}
footer {
    float:bottom;
    width:850px;
    height:50px;
    padding:20px 0 0 0;
    background-color:black;
    color:white;
    clear:both;
    text-align:center;
}
```

내용이 많아서 조금 어려울 수 있지만 자세히 살펴보면 이미 우리가 배운 내용들이에요.

> 클래스를 이용하는 방법으로 조금 어려운 부분입니다. 전체 레이아웃이 제대로 정렬되기 위해 필요한 코드라고 생각해 주세요.

| 코드 | 설명 |
|---|---|
| .wrap | 본문 안에 사용된 영역을 묶어서 배경색, 여백 등을 지정 |
| header | 헤더 부분의 배경색, 크기, 글자 정렬 등을 지정 |
| a {text-decoration:none; color:black;} | 홈페이지 제목의 하이퍼링크의 밑줄을 없애고, 검은색을 표현 |
| nav a:hover { | 마우스를 올렸을 때 글자색을 지정 |
| nav | 내비게이션 영역의 크기, 배경색, 글자 정렬 등을 지정 |
| nav a { | 내비게이션 영역의 메뉴 글자들의 밑줄을 없애고 글자색 등 지정 |
| article { | 아티클 영역의 크기, 배경색, 글자 정렬 등을 지정 |
| aside { | 어사이드 영역의 크기, 배경색, 글자 정렬 등을 지정<br>옆의 SNS 링크 |
| footer { | 각주 영역의 크기, 배경색, 글자 정렬 등을 지정 |

**6** 지금까지 만들었던 파일을 모두 종합해서 나만의 홈페이지를 만들어 봅니다. 먼저 메인 페이지를 만들어 봅니다.

```html
<!doctype html>
<html>
 <head>
    <link rel="stylesheet" href="style_home.css">
 </head>
<body>
<div class="wrap">
<header>
  <h1><a href="8-1.html">Hwan's Story</a></h1>
```

```html
</header>
 <nav>
  <ul>
   <li><a href="2-1.html" target="main_area">나의소개</a></li>
   <li><a href="4-3.html" target="main_area">나의앨범</a></li>
   <li><a href="6-3.html" target="main_area">포트폴리오</a></li>
  </ul>
 </nav>
<article>
 <iframe name="main_area" src="images/main_img.png" seamless="false"; align="center"; width="700px"; height="600px"; frameborder="0"; scrolling="no";></iframe>
</article>
<aside>
 <table height="440px">
  <tr>
  <p align="center">
   <br>
   <a href="http://facebook.com">페이스북</a><br><br>
   <a href="http://twitter.com">트위터</a><br><br>
   <a href="http://blog.naver.com">블로그</a><br><br>
   <a href="http://instargram.com">인스타그램<br><br>
  </p>
  </tr>
 </table>
</aside>
<footer>
::: Contact us : 0000@gmail.com :::
</footer>
</div>
</body>
</html>
```

> 하이퍼링크 태그를 살펴보고 개인 SNS 주소로 변경해 보세요.

| 속성 | 설명 |
| --- | --- |
| `<div class="wrap"> </div>` | header, article과 같은 하위 영역을 하나로 묶어 줍니다. |
| `<nav>`<br>　`<ul>`<br>　　`<li><a href="2-1.html" target= "main_area"> 나의 소개`<br>　　　　．<br>　　　　．<br>　　　　．<br>`</nav>` | 메뉴 부분을 각 페이지로 링크 |
| `<iframe name="main_area"`<br>　　　．<br>　　　．<br>　　　．<br>`</iframe>` | 위의 메뉴에서 링크된 웹 페이지들이 이곳 영역에 불려와 나타납니다.<br>name="main_are"와 위의 target="main_area"와 연결됩니다. |
| `<footer>`<br><br>`</footer>` | 저작권 정보, 제작자 정보 등을 넣어 줍니다. |

나만의 홈페이지를 웹 브라우저에서 확인해 보세요.

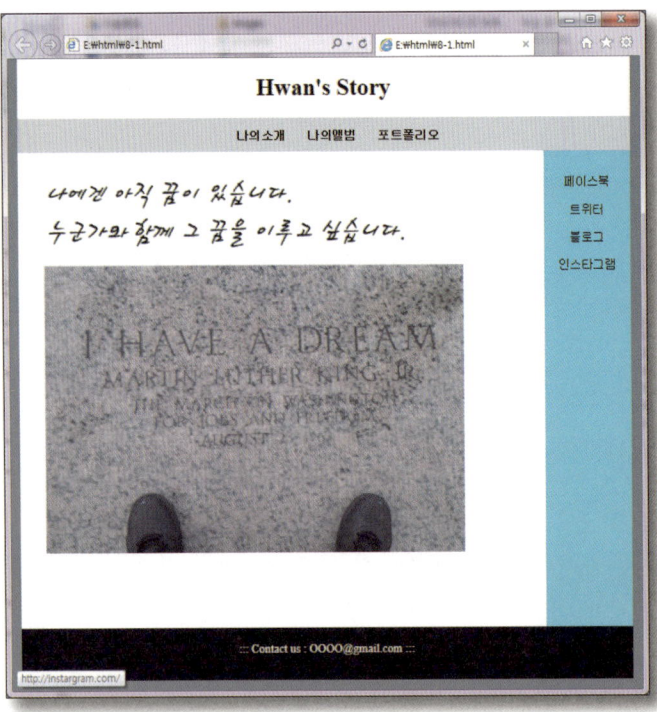

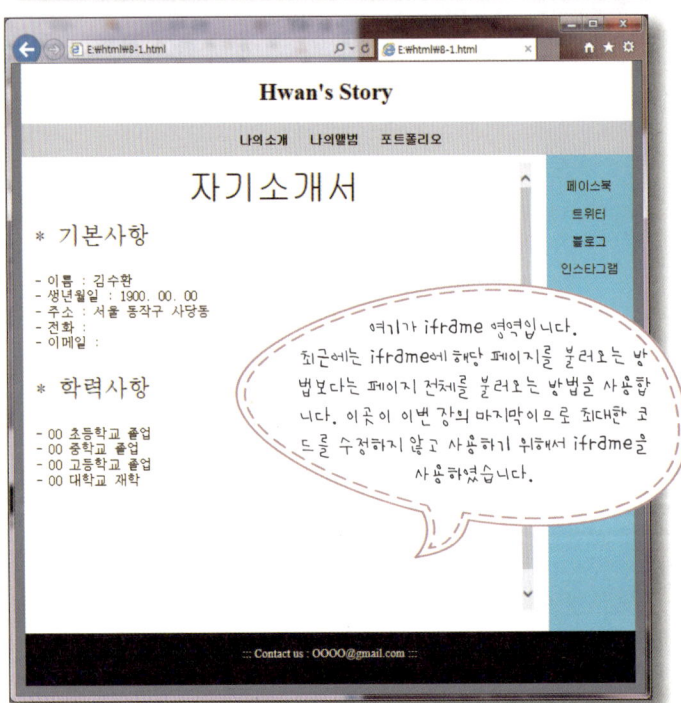

 내가 만든 홈페이지를 온라인에서 서비스하려면 웹 공간이 필요합니다. 자세한 내용을 보기 위해서는 생능출판사 홈페이지 (www.booksr.co.kr)에서 '하루 만에 프로그래밍 끝내기'를 검색해 보세요.

사용자와 상호작용하기, 웹에서 가능하다!

# JAVA SCRIPT

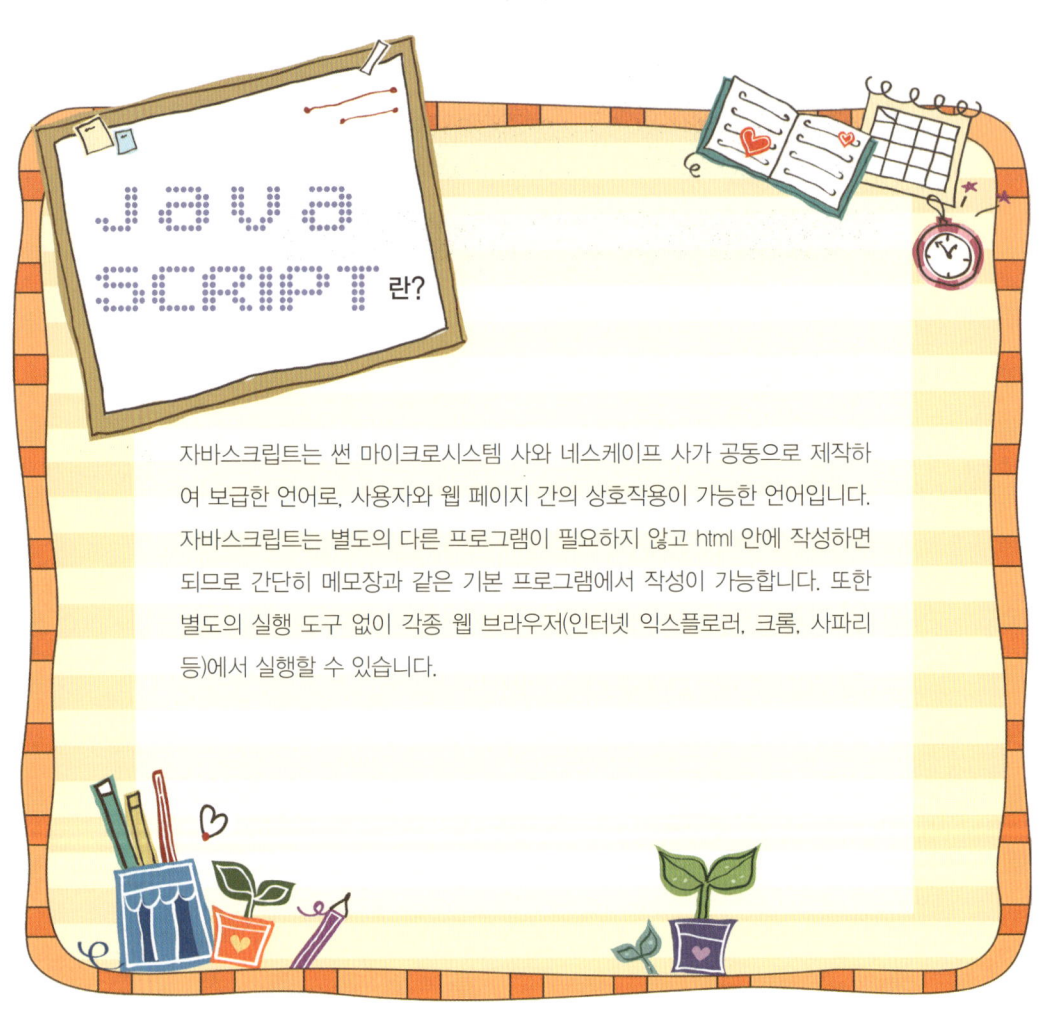

## java script란?

자바스크립트는 썬 마이크로시스템 사와 네스케이프 사가 공동으로 제작하여 보급한 언어로, 사용자와 웹 페이지 간의 상호작용이 가능한 언어입니다. 자바스크립트는 별도의 다른 프로그램이 필요하지 않고 html 안에 작성하면 되므로 간단히 메모장과 같은 기본 프로그램에서 작성이 가능합니다. 또한 별도의 실행 도구 없이 각종 웹 브라우저(인터넷 익스플로러, 크롬, 사파리 등)에서 실행할 수 있습니다.

**CONTENTS** ▶▶

1. 자바스크립트 시작하기
2. 사칙연산하기
3. 음식 주문하기
4. 내가 좋아하는 동물들
5. 함수 만들기
6. 퀴즈 프로그램 만들기
7. 픽셀 아트
8. 기념일 구하기

## JAVA SCRIPT

### 자바스크립트 실행하기
자바스크립트는 다음과 같은 순서로 실행할 수 있습니다.

**1. 메모장에 코딩**
메모장에 자바스크립트로 코딩합니다.

**2. HTML로 저장**
저장할 때 파일 확장자를 웹 페이지인 html, htm으로 합니다.

**3. 웹 브라우저로 확인**
윈도우즈에서는 익스플로러나 크롬과 같은 웹 브라우저로 확인합니다.

| 객체 기반 언어 | 자바스크립트는 제한적인 객체지향 개념을 도입하고 있음 |
|---|---|
| 스크립트 언어 | 스크립트란 어떤 프로그램에 의해 번역되거나 수행되는 명령어들을 말함<br>html 내에 삽입하여 사용할 수 있고, 개발 및 결과 확인이 쉬우며, 환경에 독립적이지만 보안에 취약하다는 단점이 있음 |

## 자바스크립트는 자바와 다른 언어이다.

일반적으로 알고 있는 자바(Java)와 자바스크립트(Java Script)는 다른 언어입니다. 자바와 비슷하기는 하지만 자바보다 익히기 쉬우며 사용하기도 쉽습니다.

| 특성 | 자바 | 자바스크립트 |
|---|---|---|
| 작성 방법 | 별도의 파일 작성 | html 내에 직접 삽입 |
| 실행 방식 | 서버에서 컴파일한 후 클라이언트에서 수행됨 | 클라이언트에서 직접 해석되고 실행됨 |
| 변수 선언 | 변수의 자료형을 반드시 선언해야 함 | 변수의 자료형을 선언할 필요가 없음 |

❖ **자바스크립트와 html과의 관계는 다음과 같다.**

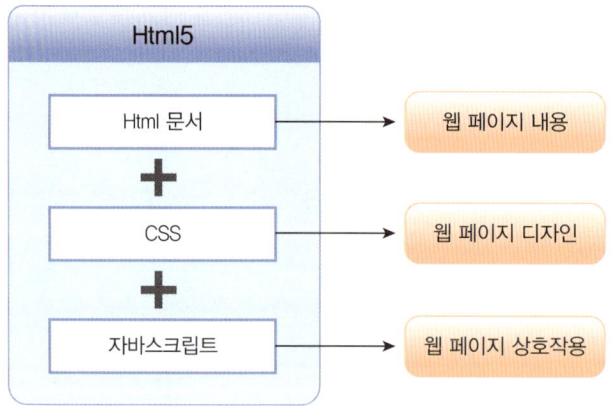

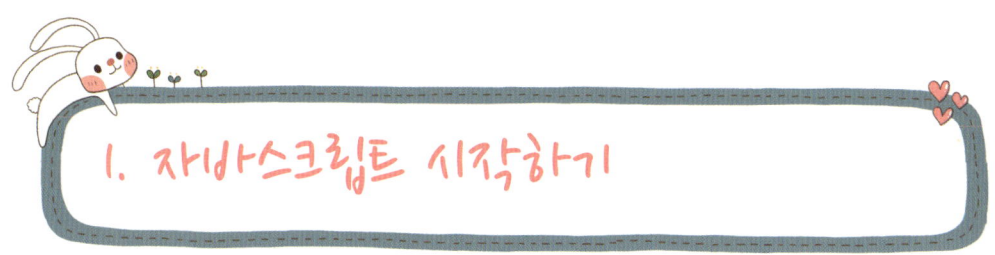

# 1. 자바스크립트 시작하기

앞에서 배운 html을 이용해서 자바스크립트를 시작해 봅니다. 아래와 같이 코드를 작성합니다.

```html
<!doctype html>
<html>
 <body>
  <script type="text/javascript">
    document.write("자바스크립트입니다");
  </script>
 </body>
</html>
```

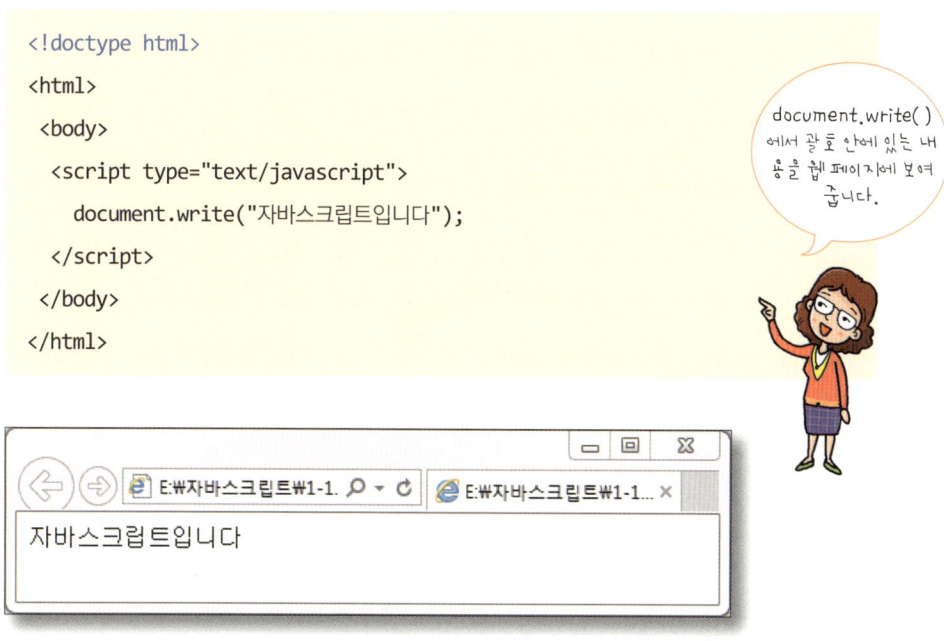

document.write( ) 에서 괄호 안에 있는 내용을 웹 페이지에 보여 줍니다.

 웹 브라우저를 실행하고 아랫부분에 '차단된 콘텐츠 허용'을 클릭해야 제대로 실행됩니다.

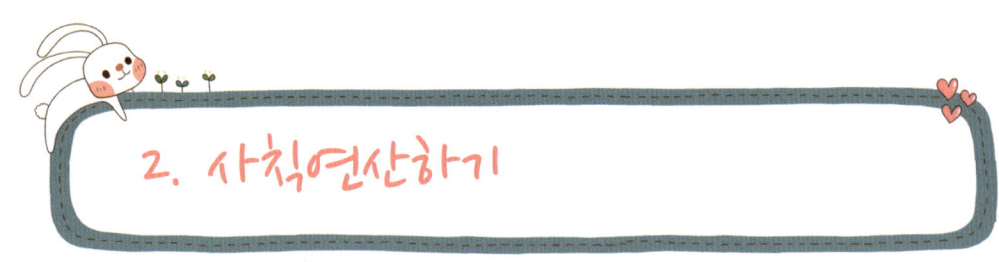

## 2. 사칙연산하기

자바스크립트는 웹 페이지에서 사용자들에게 상호작용할 수 있게 해 줍니다. 웹 페이지에서 상호작용하려면 변수를 사용할 수 있어야 합니다.

1 자바스크립트로 변수를 사용해 봅니다. 변수란 어떤 값을 저장하기 위한 공간을 말합니다.

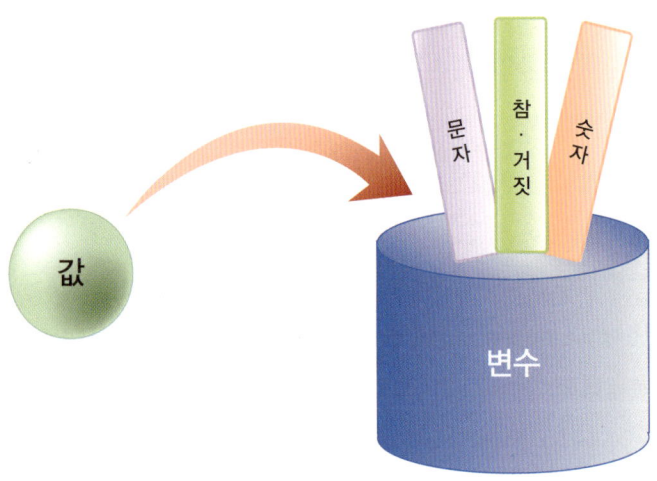

**2** 자바스크립트는 다음과 같은 변수를 사용할 수 있습니다.

| 변수 타입 | 변수 값 |
|---|---|
| Number | 정수, 실수 등 숫자 값을 가집니다.<br>예) var a = 3; |
| String | 문자열을 말합니다. ""를 사용하여 작성합니다.<br>예) var myName = "수환"; |
| Boolean | 참 또는 거짓을 출력합니다. |
| Undefined / Null | 값이 지정되지 않았거나 값이 없을 경우 출력됩니다. |

**3** 변수를 사용하여 간단한 덧셈을 해 봅니다.

```
<!doctype html>
<html>
 <body>
  <script type="text/javascript">
  var a = 3;
  var b = 5;
  var c = a+b;
  document.write(a +"<br>");
  document.write(b +"<br>");
  document.write(c +"<br>");
  </script>
 </body>
</html>
```

> 줄을 바꾸는 <br> 태그를 사용하려면 괄호 안에서 " "를 이용해야 합니다.

> 변수의 값을 " "로 감싸게 되면 숫자가 아니라 문자로 인식하게 됩니다. 코드를 잘 살펴보세요.

4  조금 복잡한 나눗셈을 해 봅니다. 예를 들어, 피자 나누어 먹기 문제를 계산해
   봅니다.

```html
<!doctype html>
<html>
 <body>
  <script type ="text/javascript">
  var pizzaNum = 5;
  var pizzaPie = 8;
  var peopleNum = 10;
  var pizzaAllPie = pizzaNum*pizzaPie;
  document.write("한 사람이 먹을 수 있는 피자조각은 " + pizzaAllPie/peopleNum
+ "조각입니다.");
  </script>
 </body>
</html>
```

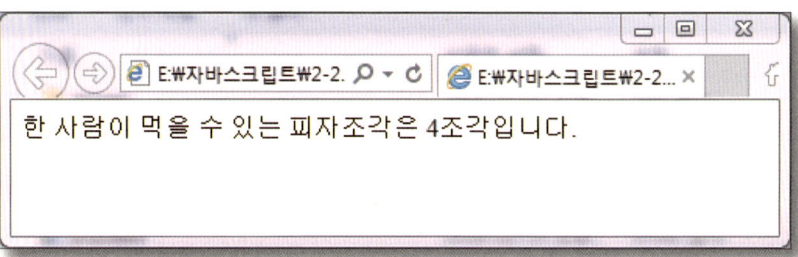

변수 이름을 정할 때는 빈칸이나 대소문자를 구분해서 사용해야 합니다. 따라서 여러분이 만든 코드에서 각 변수가 무엇을 의미하는지 알기 쉽게 만들기 위해서 보통은 변수에 저장할 값의 이름을 그대로 사용합니다. 예를 들어, 이름의 경우 'myName'이라고 변수 이름을 만듭니다. 이때 모든 글자를 붙여쓰기 때문에 원래 의미를 전달하기 위해서 빈칸 다음에 나오는 글자를 대문자로 씁니다. myName에서 N을 대문자

로 쓰는 것처럼 말입니다. 이 모습은 마치 낙타의 혹처럼 보여서 카멜케이스(camel case)라고 합니다.

변수명은 만드는 사람이 마음대로 만들 수 있습니다. 보통은 변수가 무엇을 나타내는지 알기 쉽게 만들어 줍니다. 한글 변수명도 가능하지만 가급적이면 영어로 변수명을 만들어 주는 것이 좋습니다.

## 3. 음식 주문하기

1. 자바스크립트로 조건이 맞는지 틀리는지를 확인하려면 이전 언어에서 배웠던 것처럼 if 문을 사용하면 됩니다.

놀이기구를 탈 수 있는지 없는지 확인할 수 있는 키를 검증하는 프로그램을 만들려면 어떻게 해야 할까요?

2. 아래 코드처럼 작성해 봅니다.

```
<!doctype html>
<html>
 <body>
  <script type = "text/javascript">
  var height = 165;
  var limitHeight = 150;
  if(height >= 150){
    document.write("당신의 키는 " + height +  "이므로 탑승이 가능합니다.");
   }
  </script>
 </body>
</html>
```

변수 'height'와 'limitHeight'가 미리 설정되어 있어서 조건에 맞으면 { }의 코드가 실행됩니다.

앞에서 설명한 것처럼 한글 변수명도 가능합니다. 하지만 가급적이면 영어 변수명을 사용하도록 노력해 보세요.

당신의 키는 165이므로 탑승이 가능합니다.

사용자들이 자신의 키를 입력해서 탑승 결과를 확인하려면 어떻게 해야 할까요?

**3** 사용자들이 키를 입력할 수 있도록 대화창을 띄워서 값을 입력받아 봅니다.

```html
<!doctype html>
<html>
 <body>
  <script type = "text/javascript">
  var height = prompt("키를 입력해 주세요", "");
  var limitHeight = 150;
  if(height >= 150){
    document.write("당신의 키는 " + limitHeight +  " 이상이므로 탑승이 가능합니다.");
    }else{
    document.write("당신의 키는 " + limitHeight +  " 미만이므로 탑승할 수 없습니다.");
    }
  </script>
 </body>
</html>
```

> prompt( ) 명령어는 입력창을 출력합니다. 사용자가 입력한 값은 'height'의 변수에 저장됩니다.

> prompt("여기는 물어볼 메시지", "여기는 초기 입력 값")는 주로 문자열을 입력할 때 사용해요. 숫자를 입력받아야 하는 경우에는 문자열로 입력받은 뒤 변환해야 해요.

---

### 잠깐!! 비교 연산자

프로그래밍에서는 일반 수학에서 사용하는 등호나 연산자와는 다른 방법을 사용합니다.

currentWether = "맑음" (오른쪽 값을 왼쪽 변수에 대입하라는 의미입니다. 즉, '맑음'을 currentWether 변수에 넣으라는 뜻입니다.)

currentWether == "맑음" (왼쪽 변수가 오른쪽 값과 같다는 의미입니다. 보통 수학에서 A=B의 뜻입니다.)

일반적으로 두 값을 비교하는 연산자를 비교 연산자라고 합니다.

- == 같다
- < 보다 작다
- <= 보다 작거나 같다
- > 보다 크다
- >= 보다 크거나 같다
- != 같지 않다

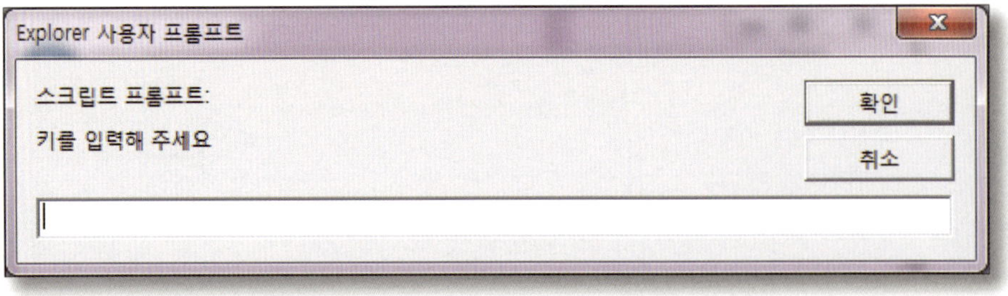

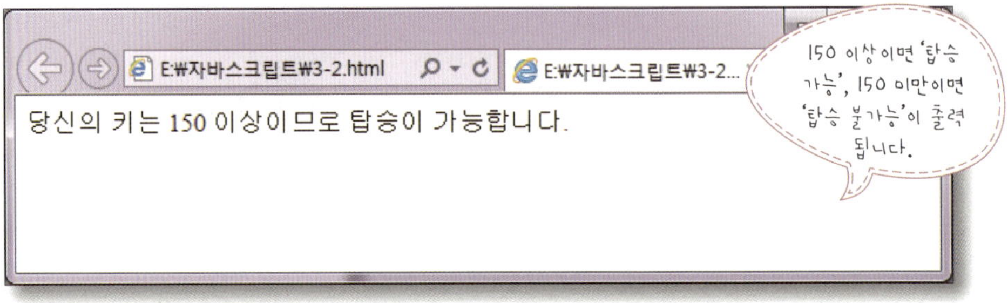

4 이제 마지막 과제인 음식 주문하기 프로그램을 만들어 봅니다.

**5** 날씨에 따라서 주문할 음식을 설정해 봅니다.

| 날씨 | 음식 |
|---|---|
| 맑음 | 피자 |
| 흐림 | 자장면 |
| 비 | 짬뽕 |
| 눈 | 칼국수 |

**6** 위의 조건에 따라 프로그램을 만들어 봅니다.

```html
<!doctype html>
<html>
 <body>
  <script type="text/javascript">
  var currentWeather = prompt("날씨를 입력해 주세요", "");
  if(currentWeather=="맑음"){
    document.write("날씨가 " + currentWeather +  "이므로 피자를 추천합니다.");
   }else if(currentWeather=="흐림"){
    document.write("날씨가 " + currentWeather +  "이므로 자장면을 추천합니다.");
   }else if(currentWeather=="비"){
    document.write("날씨가 " + currentWeather +  "가 오므로 짬뽕을 추천합니다.");
   }else if(currentWeather=="눈"){
    document.write("날씨가 " + currentWeather +  "이 오므로 칼국수를 추천합니다.");
   }
  </script>
 </body>
</html>
```

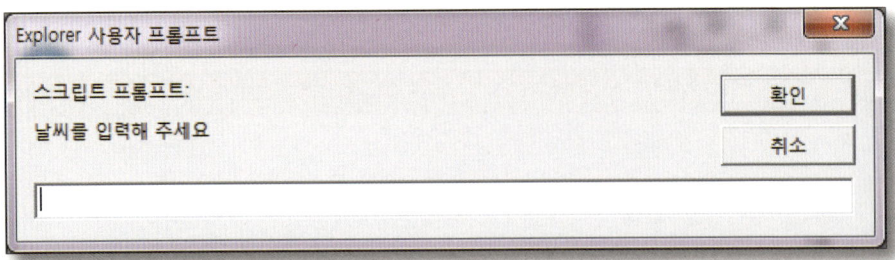

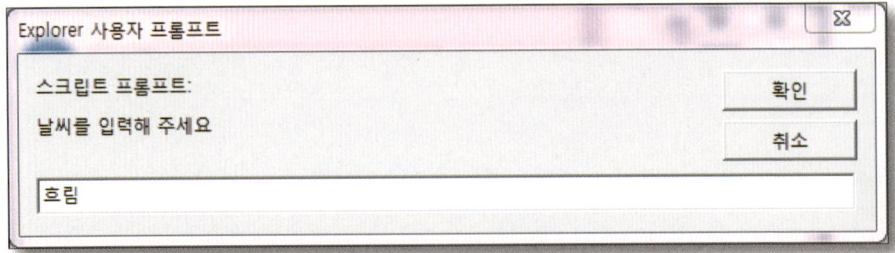

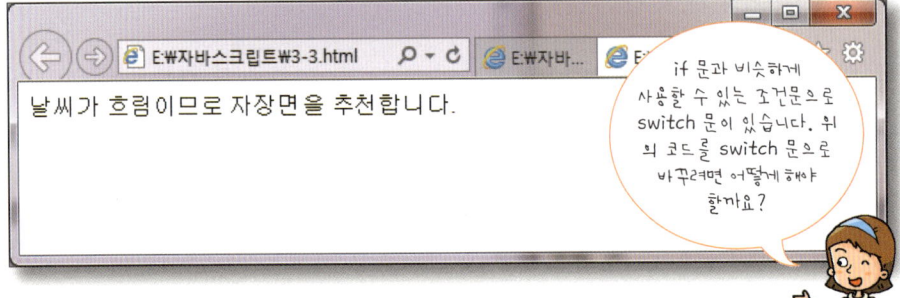

 논리 연산자

논리 연산자는 조건의 참과 거짓을 판단할 때 사용합니다.

    A && B   A와 B가 모두 참일 때, 참이 됩니다. 일반적인 AND의 개념입니다.

    A || B   A와 B 중 하나만 참이면, 참이 됩니다. 일반적인 OR의 개념입니다.

    !A    A가 참이면 거짓으로, 거짓이면 참을 반환합니다. 일반적인 NOT의 개념입니다.

**7** 앞의 if 코드를 switch 문으로 바꾸어 봅니다.

```
<!doctype html>
<html>
 <body>
  <script type="text/javascript">
   var currentWeather = prompt("날씨를 입력해 주세요","");
   switch(currentWeather){
       case "맑음":
          document.write("날씨가 " + currentWeather + "이므로 피자를 추천합니다.");
          break;
       case "흐림":
          document.write("날씨가 " + currentWeather + "이므로 자장면을 추천합니다.");
          break;
       case "비":
          document.write("날씨가 " + currentWeather + "가 오므로 짬뽕을 추천합니다.");
          break;
       case "눈":
          document.write("날씨가 " +currentWeather +"이 오므로 칼국수를 추천합니다.");
          break;
   }
  </script>
 </body>
</html>
```

> switch(표현식){
>   case 조건
>     실행코드
>     break; ← 빠져나가기
> }
> 로 구성됩니다.

> switch 문을 사용하면 다중 if 문을 한 번에 묶어서 만들 수 있습니다. 결과가 같게 나오는지 확인해 보세요.

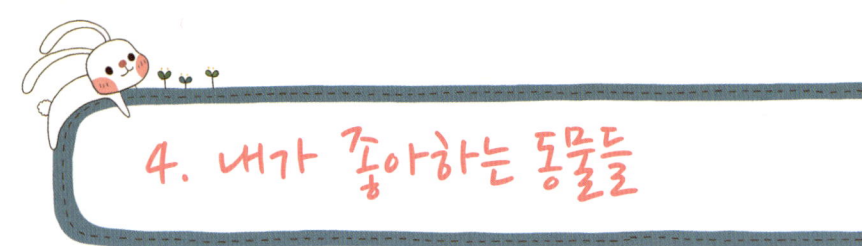
## 4. 내가 좋아하는 동물들

자바스크립트는 기본적인 프로그램을 만들 수 있으며, 사용자들과의 상호작용이 가능합니다. 반복문을 이용하여 입력한 숫자를 더하거나 총점과 평균을 출력하는 프로그램들을 만들 수 있습니다.

**1** for 반복문을 이용하여 1부터 10까지 더하기 프로그램을 만들어 봅니다.

```html
<!doctype html>
<html>
 <body>
  <script type="text/javascript">
  var count = 0;
  var sum = 0;
  for(count=0; count<11; count++){
    sum = sum + count;
   }
  document.write("1부터 10까지 합은 "+sum+" 입니다.");
  </script>
 </body>
</html>
```

> for(초기설정; 조건식; 증가식){
>   실행할 코드
> }
> 조건이 거짓이 될 때까지 코드가 계속 실행됩니다.
> ++ : 현재 값에서 1씩 더합니다.
> -- : 현재 값에서 1씩 뺍니다.
> for문과 비슷한 while 문도 있습니다.

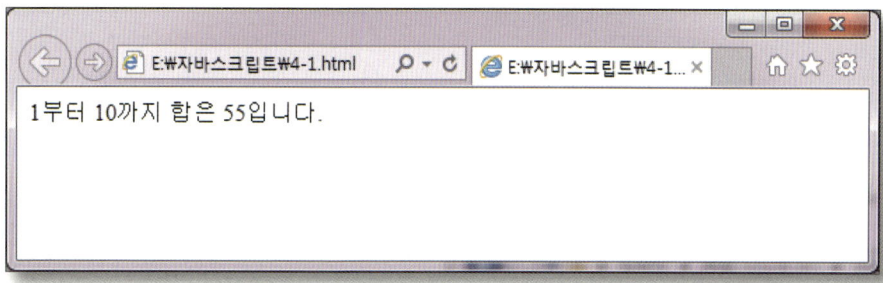

2 반복문을 이용하여 동물 이름을 출력하는 프로그램을 만들어 봅니다. 동물 이름을 출력하려면 초기에 동물 이름을 입력해 두어야 합니다. 변수를 여러 개 사용하면 되지만 변수가 수십 개가 되면 비효율적이므로 '배열'이라는 것을 사용해서 입력합니다.

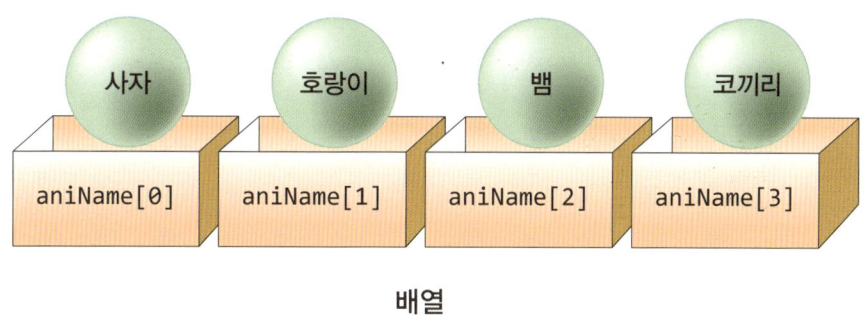

배열

배열은 하나의 변수에 여러 개의 값을 배정할 수 있게 해 줍니다. 일반적으로 배열을 선언하는 방법은 다음과 같이 2가지가 있습니다.

```
var newAry = ["lion", "tiger", "snake"];
var newAry = new Array("lion", "tiger", "snake");
```

```
<!doctype html>
<html>
 <body>
  <script type="text/javascript">
  var aniName = ["사자","호랑이","뱀","코끼리"];
   for(var i=0; i<aniName.length; i++){
    document.write("동물 목록"+ i + " : "+ aniName[i]+"<br>");
    }
  </script>
 </body>
</html>
```

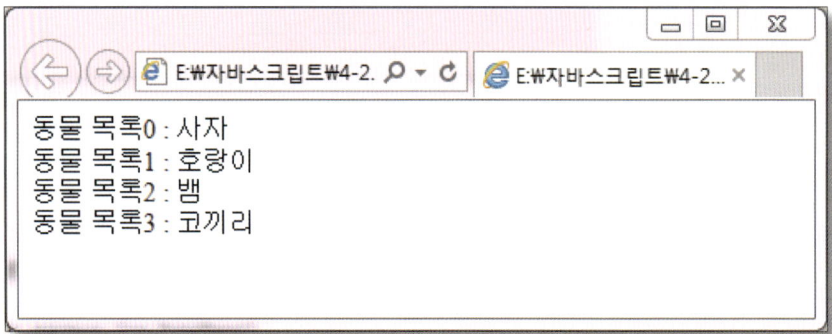

배열에 원소를 추가하거나 삭제하려면 몇 가지 명령어를 알아야 합니다.
http://www.w3schools.com/js/js_arrays.asp를 방문하여 예제를 살펴보세요.

배열을 만들었으니, 배열에서 원소를 찾는 방법을 알아볼까요? 동물 이름이 들어가 있는 배열을 만들고 특정 동물이 있는지 확인해 보려면 어떻게 해야 할까요?

3 반복문을 이용하여 동물 목록을 출력해 봅니다.

```html
<!doctype html>
<html>
 <body>
  <script type="text/javascript">
  var aniName = ["사자","호랑이","뱀","코끼리","홍학","코뿔소","앵무새"];
   for(var i=0; i<aniName.length; i++){
     document.write("동물 목록"+ i + " : "+ aniName[i]+"<br>");
     }
   alert(aniName.indexOf("뱀"));


  </script>
 </body>
</html>
```

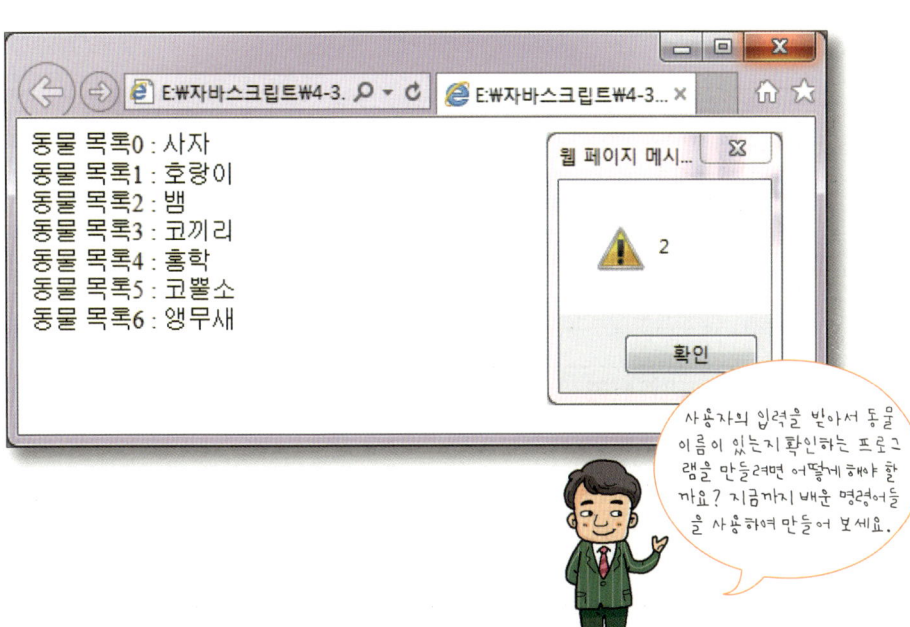

indexOf("동물이름");
동물 이름에 '뱀'을 넣어서 뱀이 있는지 확인한 결과 동물 이름2에 뱀이 있는 것이 확인되었어요. 메시지 창으로 2번 방에 뱀이 있는 것이 확인되었습니다.

사용자의 입력을 받아서 동물 이름이 있는지 확인하는 프로그램을 만들려면 어떻게 해야 할까요? 지금까지 배운 명령어들을 사용하여 만들어 보세요.

4️⃣ 배열과 조건문을 이용하여 동물 이름을 검색하여 찾는 프로그램을 만들어 봅니다.

```
<!doctype html>
<html>
 <body>
  <script type="text/javascript">
  var aniName = ["사자","호랑이","뱀","코끼리","홍학","코뿔소","앵무새"];
  var findName = prompt("검색하고 싶은 동물 이름을 입력해 보세요.","");

  if(aniName.indexOf(findName) == -1){
    document.write(findName + "(은)는 목록에 없습니다.");
  }else{
    document.write(findName + "(은)는 목록에 있습니다.");
  }

  </script>
 </body>
</html>
```

indexOf( ) == -1은 배열에 그 원소(값)가 없다는 의미입니다. 따라서 -1일 때는 '목록에 없습니다'를 출력하고 그렇지 않으면 '목록에 있습니다'를 출력합니다.

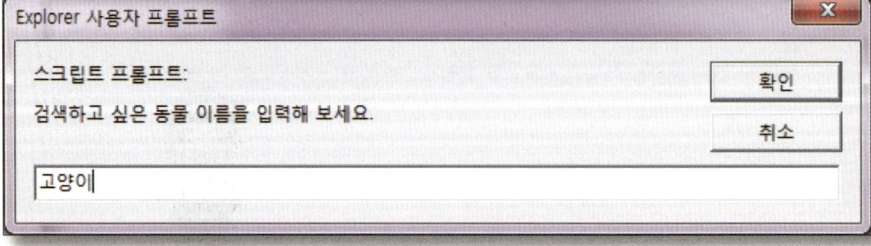

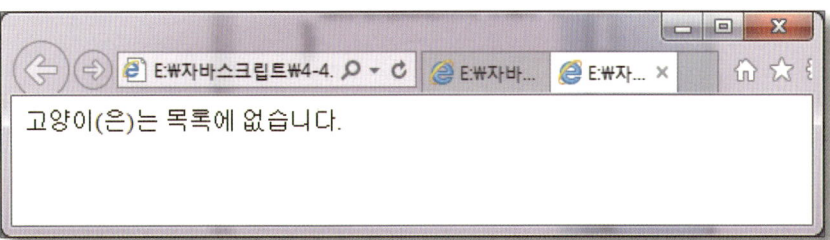

검색 엔진도 이런 식으로 미리 리스트를 만들어 놓고 사용자들에게 리스트되어 있는 주소를 보여 주는 방식으로 이루어져 있습니다. 이런 단순한 원리가 복잡한 프로그램의 기초가 됩니다. 여러분들만의 리스트를 만들고 검색하는 프로그램을 만들어 보세요.

인터넷 익스플로러 7, 8 버전에서는 indexOf를 지원하지 않기 때문에 다른 방법을 사용해야 합니다. 이 책의 내용은 인터넷 익스플로러 10 이상에서 확인하기를 권장합니다.

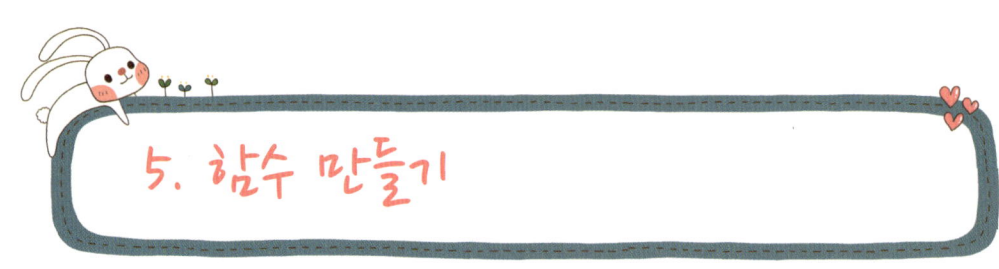

## 5. 함수 만들기

지금까지 여러분이 만든 코드를 다시 사용하려면 어떻게 해야 할까요? 예를 들어, 덧셈 기능이나 검색 기능을 미리 만들어 놓고 필요할 때마다 그 기능을 사용하려면 무엇이 필요할까요?

자바스크립트에서는 다시 사용할 수 있도록 코드를 묶어 두는 방법을 '함수'라고 합니다. 함수를 사용하면 코드를 반복해서 복사하고 붙여 넣지 않아도 여러 곳에서 중복해서 사용할 수 있습니다.

**1** 간단한 함수 만들기를 해 봅니다.

> 함수는
> function(){
>   동작 코드
> } ← 형식으로 만들고
> function(); ← 이런 형식으로 호출하면 { } 안에 코드가 실행됩니다.

```
<!doctype html>
<html>
 <body>
  <script type="text/javascript">
  var myFunction = function(){
    document.write("나만의 함수");
   }
  myFunction();
  </script>
 </body>
</html>
```

> function 함수명(){
>   동작 코드
> } ← 이런 형식도 가능합니다.

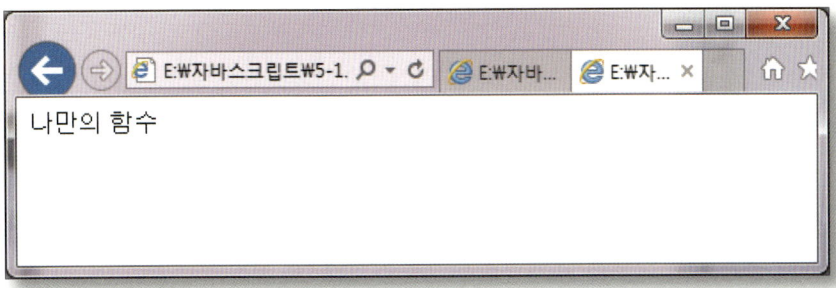

함수의 장점을 제대로 이용하려면 함수와 함께 인수(argument)를 사용할 수 있습니다. 인수를 사용하게 되면 함수를 호출할 때마다 함수의 동작을 바꿀 수 있습니다.

2 함수의 인수를 사용하는 방법을 알아봅니다. 다음과 같이 코드를 작성해 봅니다.

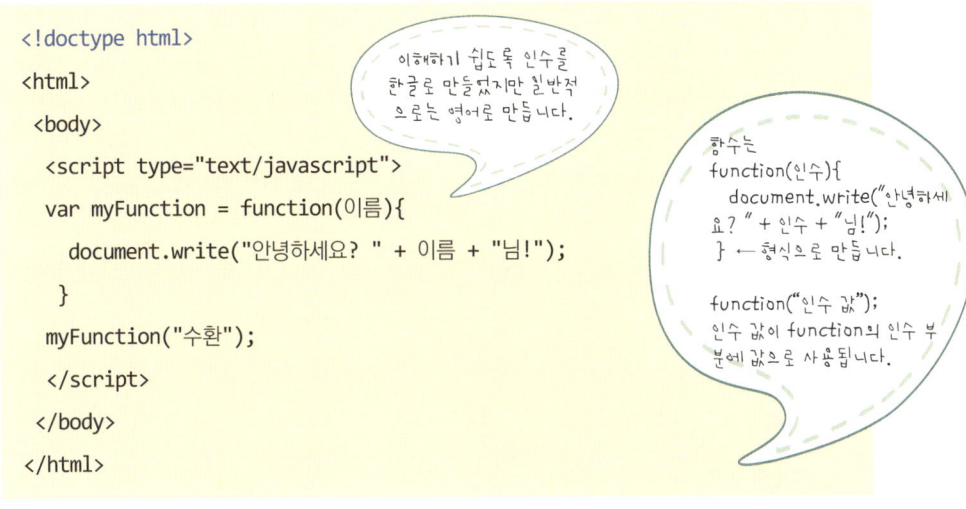

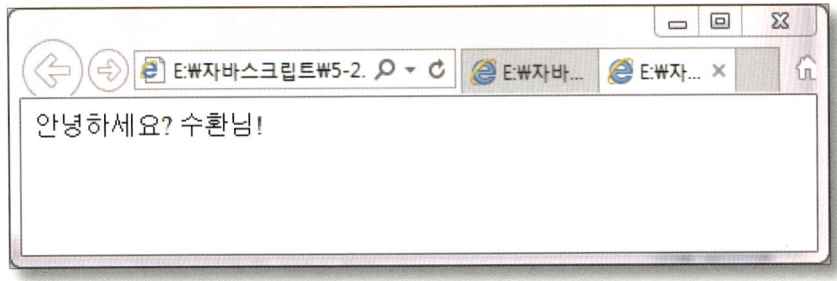

인수는 한 개뿐만 아니라 여러 개를 사용할 수 있습니다. 인수1, 인수2, 인수3, …. 사용할 때도 function(인수1,인수2,인수3, …) 이렇게 사용하면 됩니다. 처음에 설정한 인수 개수와 사용하는 인수 개수가 맞아야 합니다.

3 우리 주위에서 순위를 알아보는 프로그램을 만들어 봅니다. 예를 들어, 도서 베스트셀러를 알아보는 프로그램을 만들어 보세요.

```
<!doctype html>
<html>
 <body>
  <script type="text/javascript">
  var bookName = ["미움받을 용기","트렌드 코리아","지금 이 순간","나미야 잡화점의 기억","내 안에서 나를 만드는 것들"];      // 책을 순서대로 넣으세요.
  var searchBesel = function(){
    var findBook = prompt("알고 싶은 책 순위를 입력하세요", "" );  // 찾을 책 순위
    var findNum = Number(findBook)-1;    // 배열은 0부터 시작하므로 bookList
                                         에서 순위를 찾으려면 입력한 숫자
                                         에서 -1을 해야 합니다.
    document.write( findBook+ "순위 책 이름은 '" + bookName[findNum] +"' 입니다");
   }
  searchBesel();
  </script>
 </body>
</html>
```

// 주석, 설명을 넣을 때 사용합니다.
document.write( 출력하기 위한 메시지 조합);
왜 이런 명령어로 이루어져 있는지 지금까지 배운 것을 활용하여 찾아보세요.

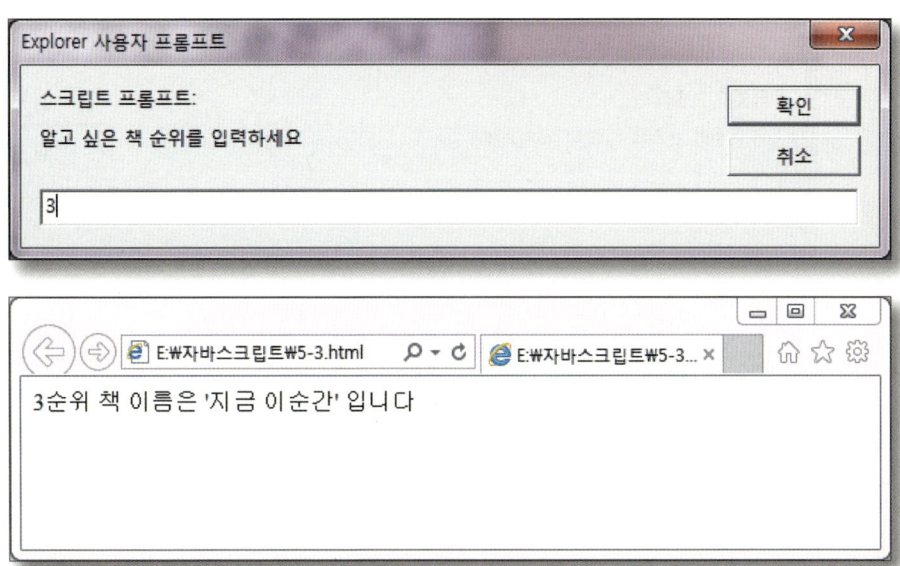

4 반복문과 함수를 이용한 현재 기분을 알리는 프로그램을 만들어 봅니다.

```
<!doctype html>
<html>
 <body>
  <script type="text/javascript">
    var drawFeel = function(){
    var numFeel=prompt("지금 기분을 숫자(1-5)로 나타내 보세요","");
    for (var i=0; i<numFeel; i++){
    document.write("^.^" +"<br>");         // 나타내고 싶은 이모티콘을 넣으세요.
    }
    }
   drawFeel();
  </script>
 </body>
</html>
```

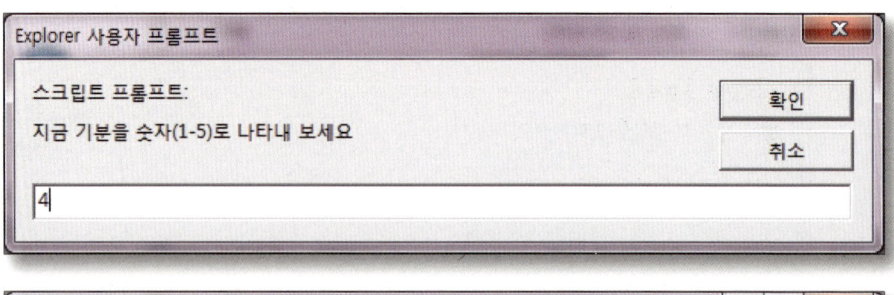

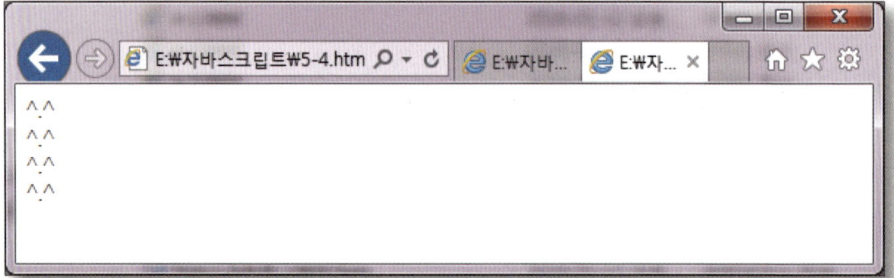

최근 SNS나 문자 메시지에 이모티콘을 사용하지 않으면 불친절하다고 느끼는 경우가 있는데, 여러분도 그런가요? 컴퓨터도 사람처럼 감정을 표현할 수 있을까요? 컴퓨터 과학 중에서 '인공지능' 영역은 사람처럼 생각하는 컴퓨터를 만드는 연구를 하는 분야입니다.

# 6. 퀴즈 프로그램 만들기

자바스크립트의 강점은 웹 페이지에서 사용자와 상호작용을 할 수 있다는 점입니다. 이번에는 사용자와 상호작용할 수 있는 여러 가지 입력폼을 만들어 보세요.

**1** 다음과 같이 버튼과 함수를 이용한 간단한 경고창 띄우기를 만들어 봅니다.

```html
<!doctype html>
<html>
 <body>
 <button onclick="myFunction()">버튼</button>
 <script type="text/javascript">
    function myFunction() {
       alert("메시지 박스 출력");    // 버튼을 누르면 메시지 박스가 나타납니다.
    }
 </script>
 </body>
</html>
```

→ 버튼을 나타내는 코드입니다.

onclick="함수명"
버튼이 클릭될 때 함수가 실행되게 하는 명령어입니다.

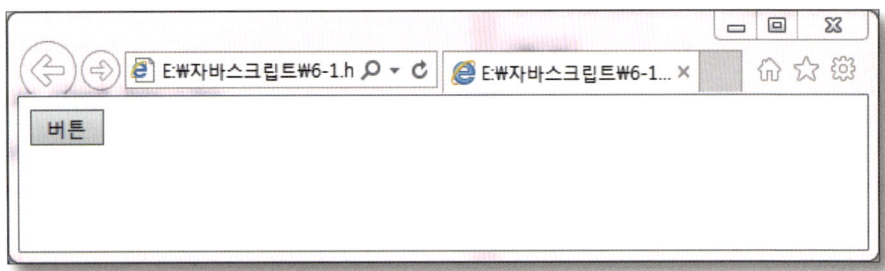

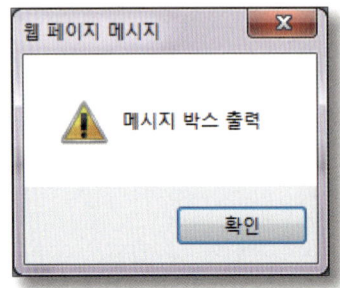

**2** 간단한 퀴즈 프로그램을 만들기 위해 버튼을 활용하는 프로그램을 만듭니다. 역사 퀴즈를 만들어 봅니다.

```
<!doctype html>
<html>
 <body>
 <button onclick="myFunction()">역사 퀴즈</button>
 <p id="check1">정답 체크</p>
 <script type="text/javascript">
    function myFunction() {
       var kingName = prompt("한글을 만든 왕은?","");
    if(kingName == "세종"){
       document.getElementById("check1").innerHTML = "정답입니다";
       }else{
       document.getElementById("check1").innerHTML = "다시 한 번 해 보세요";
```

위쪽에 check1 부분을 찾아가서 메시지를 바꿔주는 코드입니다.

정답에 따라 메시지가 바뀌는 부분입니다. id를 지정해야 아래에서 사용할 수 있습니다.

사용자의 입력 값에 따라 정해진 위치에 있는 내용을 바꾸어 출력하게 해 줍니다.

```
            }
        }
    </script>
    </body>
</html>
```

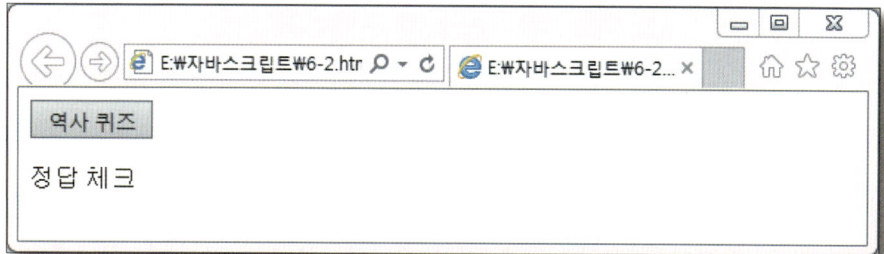

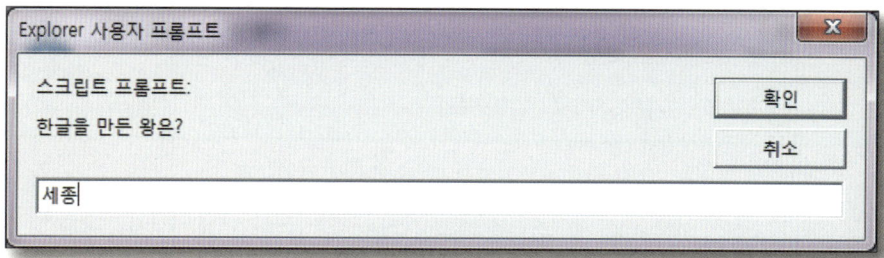

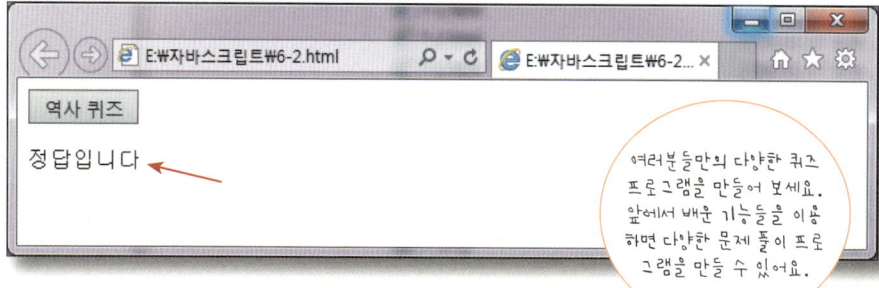

여러분들만의 다양한 퀴즈 프로그램을 만들어 보세요. 앞에서 배운 기능들을 이용하면 다양한 문제풀이 프로그램을 만들 수 있어요.

**3** 한국사 객관식 문제를 만들어 봅니다. 아래와 같이 코드를 작성해 봅니다.

```html
<!doctype html>
<html>
 <body>
<h1>한국사 8급 문제</h1>
<p> 1. 다음 중 고려시대 왕은?</p>
<form name="form1">
  <input type="radio" name="kingname" value="v1">근초고왕<br>
  <input type="radio" name="kingname" value="v2">의자왕<br>
  <input type="radio" name="kingname" value="v3">충렬왕<br>
  <input type="radio" name="kingname" value="v3">성종<br>
  <input type="button" value="선택" onClick="myFunction()">
</form>
  <p id=check1></p>
  <script type="text/javascript">
    function myFunction() {
      if(form1.kingname[2].checked == true){
        document.getElementById("check1").innerHTML = "정답입니다";
      }else{
        document.getElementById("check1").innerHTML = "다시 한 번 해 보세요";
      }
    }
  </script>
 </body>
</html>
```

*라디오 버튼을 만들기 위한 form을 만드는 코드입니다. input type="radio"로 하면 라디오 버튼이 만들어집니다.*

*버튼을 누르면 아래 함수를 호출하게 됩니다.*

*kingname[2]가 클릭되었을 때라는 의미이므로 3번째 충렬왕이 선택되면이라는 의미입니다.*

*함수 선언의 두 번째 방법을 사용했습니다.*

*사용자의 입력 값에 따라 정해진 위치에 있는 내용을 바꾸어 출력하게 해 줍니다.*

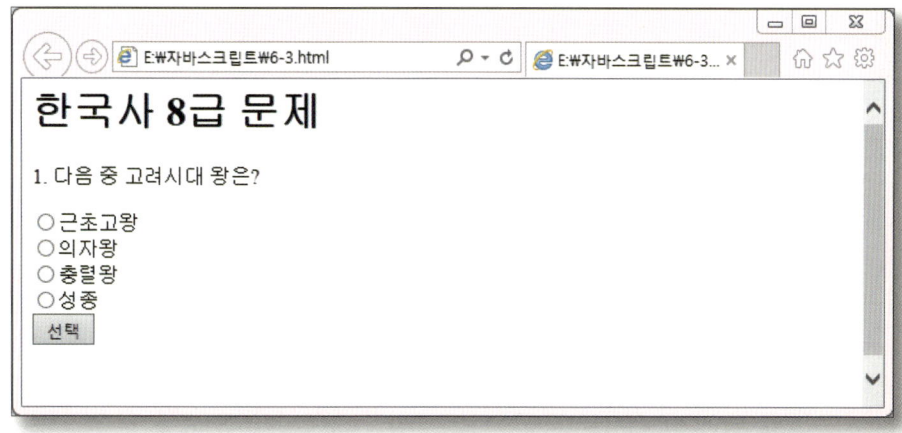

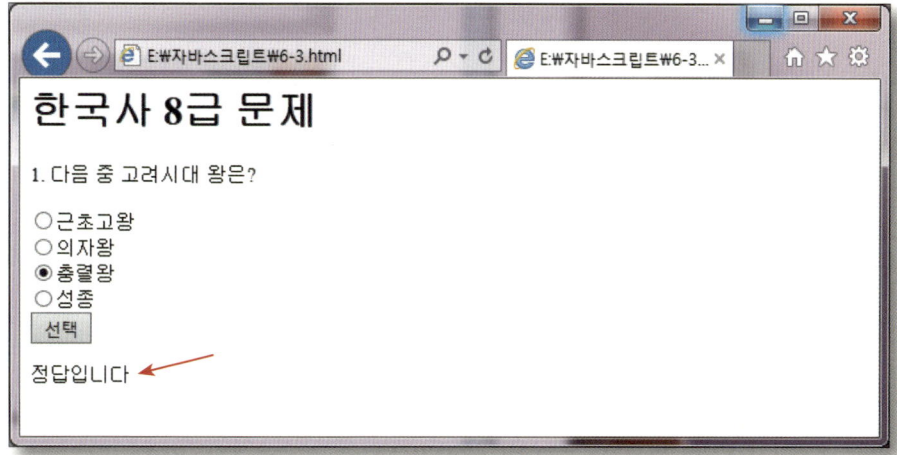

문제은행 웹 사이트도 이런 식으로 만들 수 있습니다. 여러분들이 웹 프로그래밍을 배우면 웹 서버에 데이터베이스를 이용해서 문제와 정답을 미리 입력해 놓고 문제은행을 만들어 운영할 수도 있습니다.

### 더 생각해 보기

문제를 더 만들어서 추가하거나 페이지를 바꿔서 문제를 나오게 하려면 어떻게 해야 할지 생각해 보세요.

# 7. 픽셀 아트

html5에서는 자바스크립트로 그림을 그릴 수 있는 기능을 지원합니다. 간단한 캔버스를 만들고 사각형(픽셀)을 이용한 재미있는 그림을 그려 보도록 하세요.

1 캔버스를 만들고 사각형을 출력하는 프로그램을 만들어 봅니다.

> canvas는 html5에서 다양한 그림을 그리는 공간을 제공해 주는 요소입니다.

```
<!doctype html>
<html>
 <body>
 <canvas id="canvas" width="200" height="200"></canvas>   ← 200 픽셀 정사각형 캔버스 만들기
 <script type="text/javascript">
   var canvas = document.getElementById("canvas");    // canvas 변수에 캔
                                                         버스 요소를 저장합
                                                         니다.

   var pxDraw = canvas.getContext("2d");    // 2d 이미지를 그리겠다고 지정합니다.
   pxDraw.fillRect(0,0,10,10);              // fillRect 메소드를 이용해 x좌표,
                                               y좌표, 사각형 너비, 사각형 높이
                                               를 지정합니다.

 </script>
 </body>
</html>
```

> canvas 태그는 인터넷 익스플로러 9 이상에서만 확인할 수 있어요.

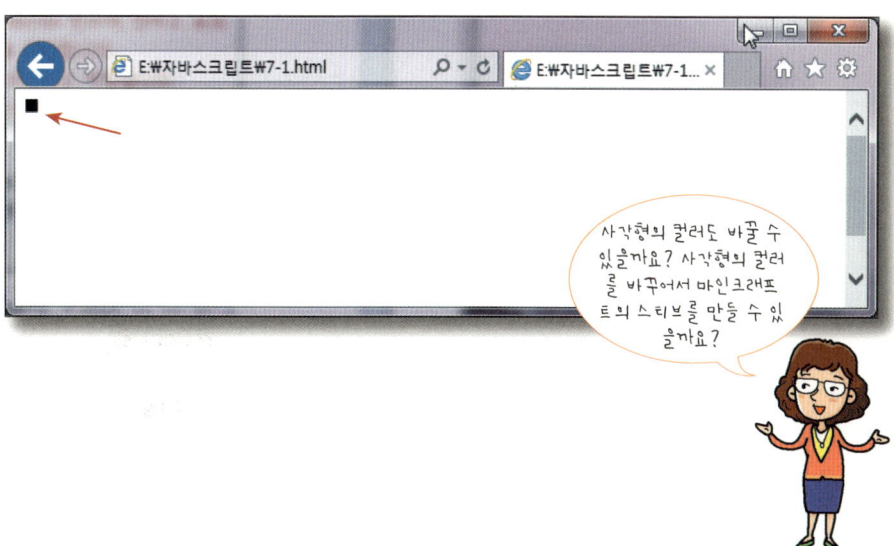

2 빨간 사각형 두 개를 만들어 봅니다.

```
<!doctype html>
<html>
 <body>
 <canvas id="canvas" width="200" height="200"></canvas>
 <script type="text/javascript">
  var canvas = document.getElementById("canvas");
  var pxDraw = canvas.getContext("2d");
  pxDraw.fillStyle = "Red";          // 빨간색으로 지정
  pxDraw.fillRect(0,0,10,10);
  pxDraw.fillRect(20,0,10,10);
 </script>
 </body>
</html>
```

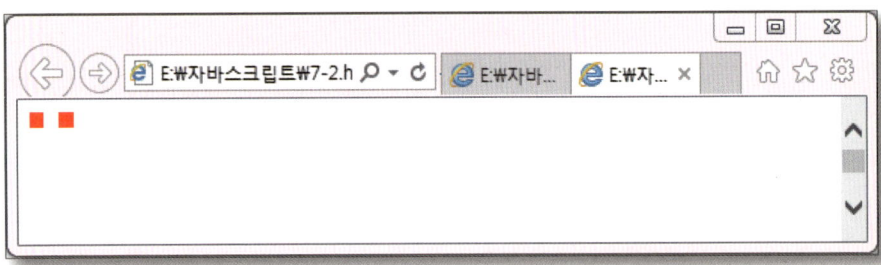

자바스크립트에서 사용할 수 있는 색상은 100여 가지 정도입니다. https://css-tricks.com/snippets/css/named-colors-and-hex-equivalents/에서 원하는 색상의 이름을 찾아서 활용하세요.

스티브 얼굴을 그리려면 어떻게 해야 할까요? 전체가 7줄로 이루어져 있고, 각 줄을 순서대로 그린다고 생각해 보세요. 어느 부분에서 반복문을 사용할 수 있을까요?

마인크래프트의 주인공 스티브를 아시나요?

3 스티브의 얼굴을 그려 봅니다.

```
<!doctype html>
<html>
 <body>
 <canvas id="canvas" width="200" height="200"></canvas>
 <script type="text/javascript">
  var canvas = document.getElementById("canvas");
  var pxDraw = canvas.getContext("2d");
// 첫 번째 줄
  pxDraw.fillStyle = "Black";
```

```
    for(var i=0; i<8; i++){
      pxDraw.fillRect(i*10,0,10,10);
      pxDraw.fillRect(i*10,10,10,10);
    }
  // 두 번째 줄
      pxDraw.fillRect(0,20,10,10);
      pxDraw.fillRect(70,20,10,10);
      pxDraw.fillStyle = "Bisque";
    for(var i=1; i<7; i++){
      pxDraw.fillRect(i*10,20,10,10);
      pxDraw.fillRect(i*10,30,10,10);
    }
  // 세 번째 줄
    for(var i=0; i<8; i++){
      pxDraw.fillRect(i*10,30,10,10);
    }
  // 네 번째 줄
      pxDraw.fillRect(0,40,10,10);
      pxDraw.fillStyle = "Blue";
      pxDraw.fillRect(20,40,10,10);
      pxDraw.fillRect(50,40,10,10);
      pxDraw.fillStyle = "Bisque";
      pxDraw.fillRect(30,40,10,10);
      pxDraw.fillRect(40,40,10,10);
      pxDraw.fillRect(70,40,10,10);
  // 다섯 번째 줄
    for(var i=0; i<3; i++){
      pxDraw.fillRect(i*10,50,10,10);
    }
      pxDraw.fillStyle = "Sienna";
```

> 네 번째 줄은 왜 하나씩 그려야 할까요? 함수를 사용하거나 반복문을 더 효과적으로 사용할 수 있는 방법은 없을까요?

```
    pxDraw.fillRect(30,50,10,10);
    pxDraw.fillRect(40,50,10,10);
    pxDraw.fillStyle = "Bisque";
 for(var i=5; i<8; i++){
    pxDraw.fillRect(i*10,50,10,10);
 }
// 여섯 번째 줄
    pxDraw.fillRect(0,60,10,10);
    pxDraw.fillRect(10,60,10,10);
    pxDraw.fillRect(60,60,10,10);
    pxDraw.fillRect(70,60,10,10);
    pxDraw.fillStyle = "Black";
 for(var i=2; i<6; i++){
    pxDraw.fillRect(i*10,60,10,10);
 }
// 일곱 번째 줄
 pxDraw.fillStyle = "Bisque";
 for(var i=0; i<8; i++){
    pxDraw.fillRect(i*10,70,10,10);
 }

</script>
</body>
</html>
```

> 지금 코드를 좀 더 효율적으로 바꿀 수 있는 방법은 없을까요? 반복이나 함수를 사용하는 방법을 생각해 보세요.

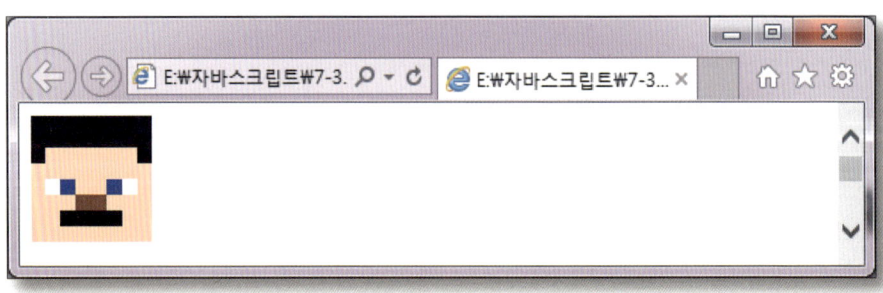

# 8. 기념일 구하기

자바스크립트는 기본적으로 제공하는 객체들이 있습니다. 예를 들면, 날짜를 알려주는 Date(), 수학 함수들을 지원하는 Math(), 배열을 지원하는 Array() 등이 있습니다. 객체(Object)는 웹 문서를 구성하는 요소라고 할 수 있습니다. 웹 페이지에서는 상태 표시줄, 스크롤바, 폼버튼 등을 객체라고 볼 수 있습니다. 속성(Property)은 객체의 특징 및 상태를 나타냅니다. 예를 들어, window 객체는 name(이름), 이미지 객체는 width, height와 같은 속성을 가집니다. 메소드(Method)는 객체가 하는 동작을 나타냅니다. 지금까지 사용했던 document.write();, alert();와 같은 것을 메소드라고 할 수 있습니다. 객체와 속성, 객체와 메소드를 연결할 때는 .로 연결합니다.

| 객체 | 속성 | 메소드 |
|---|---|---|
| 자동차 | 이름 : K-9<br>색깔 : Black<br>연식 : 2012 | 움직인다 : Car.move();<br>멈춘다 : Car.stop(); |

**1** 자바스크립트의 대표적인 내장 객체인 Date()를 이용해서 현재 날짜를 출력해 봅니다.

```
<!doctype html>
<html>
 <body>
 <p id="date1"></p>
 <script type="text/javascript">
  document.getElementById("date1").innerHTML = Date();
 </script>
 </body>
</html>
```

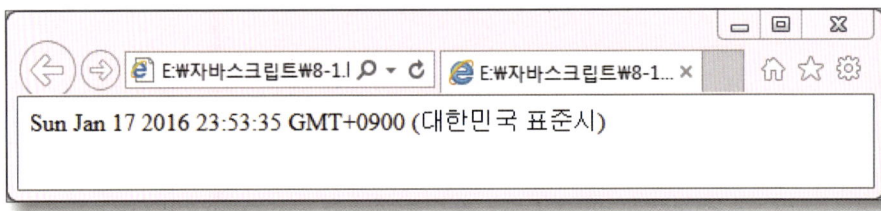

❖ Date( ) 객체의 메소드와 기능을 알아봅니다.

| 메소드 | 기능 |
| --- | --- |
| getDate() | 날짜를 출력합니다. (1~31) |
| getFullYear() | 연도를 출력합니다. |
| getHours() | 시간을 출력합니다. (0~23) |
| getMinutes() | 분을 출력합니다. (0~59) |

| | | |
|---|---|---|
| getMonth() | 달을 출력합니다. (0~11, 1월이 0, 2월이 1, …) | |
| getSeconds() | 초를 출력합니다. (0~59) | |
| getTime() | 1970년 이후 시간을 1/1000초 단위로 출력합니다. | |

**2** 위의 메소드를 이용해 기념일까지 남은 날짜를 계산해 주는 프로그램을 만들어 봅니다.

```html
<!doctype html>
<html>
 <body>
 <script type="text/javascript">
 var today = new Date();
 var celeday = new Date(2016,1,20);          // 기념일 날짜
 var btms = celeday.getTime()-today.getTime();  // 1000분의 1초 단위로
                                                   출력해서 차이를 구함
 var btday = btms/(1000*60*60*24);     // 밀리초, 초, 분, 시를 곱한 수로 나
                                          누어 주어서 일수를 구함
 document.write("기념일까지 " + Math.ceil(btday)+ "일 남았습니다.");
 </script>
 </body>
</html>
```

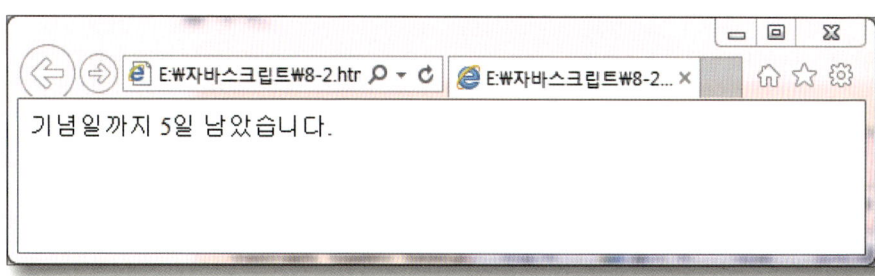

new Date(2016,1,20);는 몇 월 며칠을 나타내는 걸까요? 2016년 2월 20일을 나타냅니다. 자바스크립트는 월이 0, 1, 2, …, 11로 끝나기 때문에 1월이 0으로, 2월이 1로 표기됩니다. 기념일 날짜를 입력할 때, 반드시 기억하세요!!

❖ 앞의 코드에서 사용된 Math( ) 객체의 메소드를 알아봅니다.

| 메소드 | 기능 |
| --- | --- |
| ceil(x) | x 값을 올림합니다. |
| floor(x) | x 값을 내림합니다. |
| round(x) | x 값을 반올림합니다. |
| random() | 난수를 만듭니다. |
| abs(x) | x 값의 절댓값을 구합니다. |

이밖에도 여러 가지 내장 객체가 있습니다. 자바스크립트는 사용자와의 다양한 상호작용을 지원합니다. http://www.w3schools.com/js/default.asp을 방문하여 다양한 상호작용의 예를 살펴보세요.

### 컴퓨터 프로그램이 뭐예요?

"파를 어슷어슷하게 썰어서, 찌개가 한소끔 끓으면 한 움큼 넣어야 합니다."
요리를 자주 하는 이들이야 이 말을 정확하게 이해하겠지만, 요리를 처음 해 보는 이는 이 말을 정확하게 이해할 수 없을 것입니다. '어슷어슷하게'는 도대체 어떻게 하라는 말인지, '한소끔 끓으면'은 무슨 말인지, '한 움큼'은 얼마만큼인지 알기 어렵습니다. 그런데 인간도 이해하기 힘든 이 말들을 아무런 의식과 사고 능력이 없는 컴퓨터라는 기계는 이해할 수 있을까요? 아마도 '어슷어슷하게'라는 표현은 '정확하게 31° 각도로 0.3cm의 간격으로'라고 표현해야 할 것입니다. 이처럼 컴퓨터가 이해할 수 있는 언어로 표현하는 것을 컴퓨터 프로그램이라고 합니다.

### 컴퓨터 프로그래밍 언어로 무엇을 하나요?

알고리즘이 무엇인지 앞에서 설명해서 잘 알 것입니다. 알고리즘은 문제 해결에 대한 인간의 기본적인 생각이고 방법이며, 그것이 절차적인 형태로 표현된 것입니다. 이것을 실제 컴퓨터에서 자동 처리하기 위해서는 컴퓨터가 알고리즘을 인식하여 컴퓨터 내부에서 처리할 수 있는 방법이 필요합니다. 이 방법을 위해 컴퓨터 프로그래밍 언어가 만들어졌습니다. 컴퓨터는 특정 컴퓨터 프로그래밍 언어로 쓰여진 프로그램을 이해하여 처리할 수 있게 되어 있기 때문에 인간이 만든 알고리즘을 그 특정 프로그래밍 언어로 바꾸어 주면 됩니다. 바로 이 과정이 '컴퓨터 프로그래밍'이고, 그 일을 하는 사람이 '컴퓨터 프로그래머'입니다.

출처: 《데이터로 표현하는 세상》, 김현철

구조가 간결하며 강력한 언어,

# PYTHON

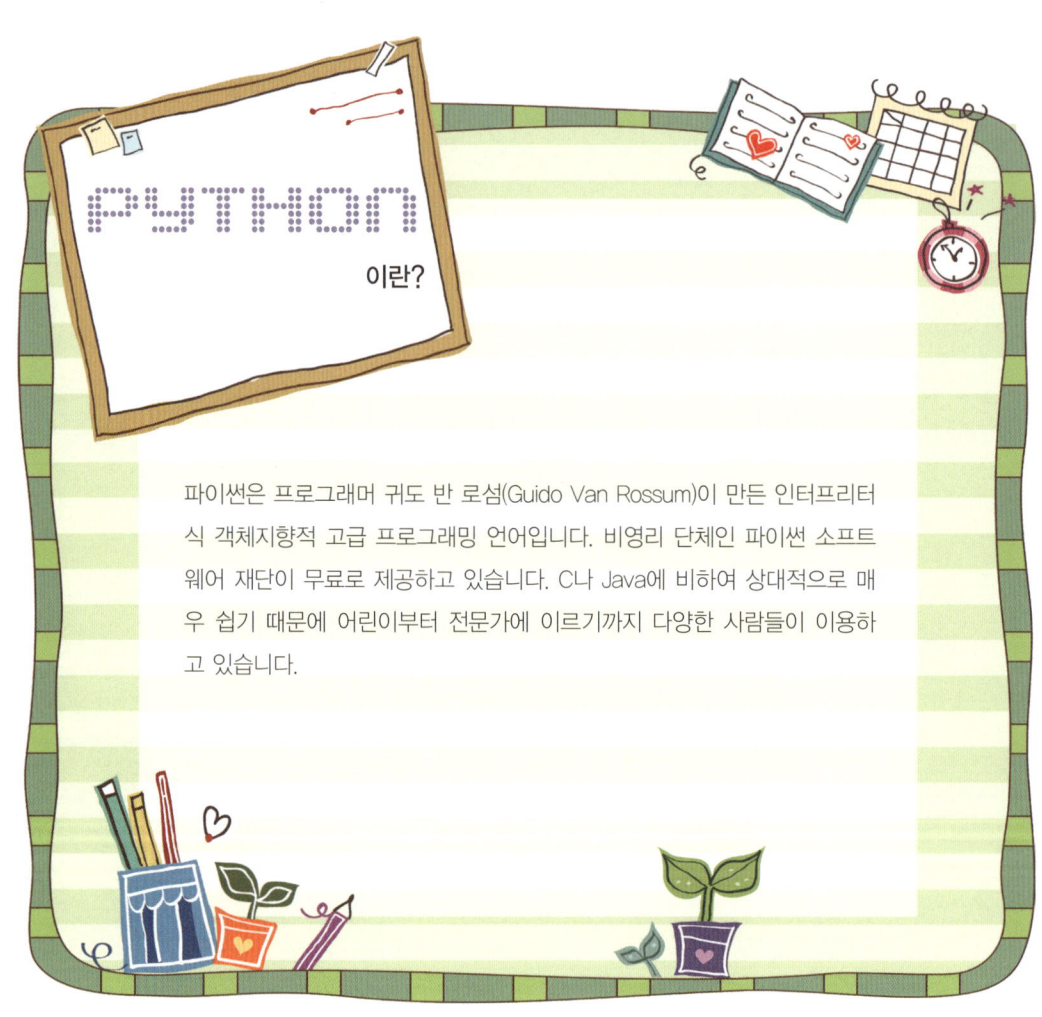

## PYTHON 이란?

파이썬은 프로그래머 귀도 반 로섬(Guido Van Rossum)이 만든 인터프리터 식 객체지향적 고급 프로그래밍 언어입니다. 비영리 단체인 파이썬 소프트웨어 재단이 무료로 제공하고 있습니다. C나 Java에 비하여 상대적으로 매우 쉽기 때문에 어린이부터 전문가에 이르기까지 다양한 사람들이 이용하고 있습니다.

## CONTENTS ▶▶▶▶

1. 파이썬 시작하기
2. 반복: 1부터 10까지 출력해 보자
3. 연산 : 1부터 10까지 합을 구해 보자
4. 사용자 입력 : 입력받은 값까지의 합을 구해 보자
5. 함수 : 숫자 야구 게임을 만들어 보자

### Python

**파이썬 실행하기**

파이썬을 하려면, 먼저 설치를 해야 합니다. 다음 순서대로 따라해 보세요.

**1** 파이썬 사이트에 방문합니다. (https://www.python.org/)

**2** Download 메뉴에서 내가 작업할 OS 환경에 맞는 것을 선택합니다.(이 책에서는 window용을 기준으로 설명합니다.)

**3** 최신 버전 두 가지 중에서 하나를 선택합니다. 서로 문법이 다르다는 점에 주의하세요!(이 책에서는 3.5.1 버전을 예시로 하였습니다.)

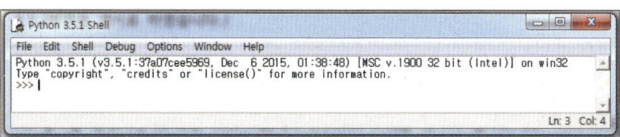

**4** 설치를 완료하면 [▶모든 프로그램]에서 [Python 3.5]를 찾아서 펼쳐 보세요. 하위 프로그램 중에 [IDLE (Python 3.5 32-bit)]를 실행시켜 주세요.

**인터프리터식**  소스 프로그램을 한 번에 기계어로 변환시키는 컴파일러와는 달리 인터프리터는 프로그램을 한 단계씩 기계어로 해석하여 실행

**객체지향**  컴퓨터 프로그램을 명령어의 목록으로 보지 않고 여러 개의 독립된 단위, 즉 '객체'들의 모임으로 바라보는 새로운 패러다임. 각 객체는 메시지를 주고받고 데이터를 처리할 수 있음

# 1. 파이썬 시작하기

1️⃣ 한 줄 프로그래밍으로 바로 실행할 수 있습니다.

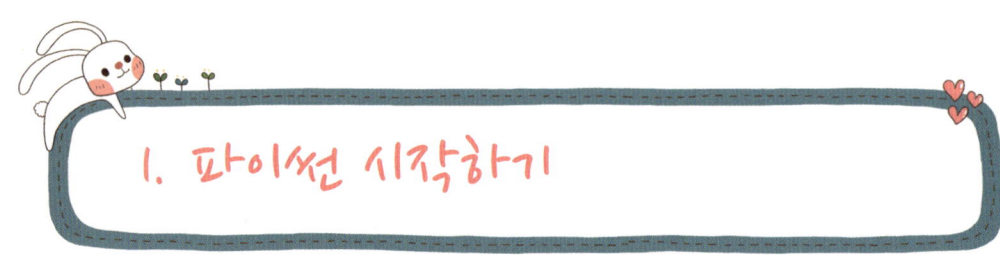

2️⃣ 여러 줄의 프로그래밍도 바로 실행할 수 있습니다.

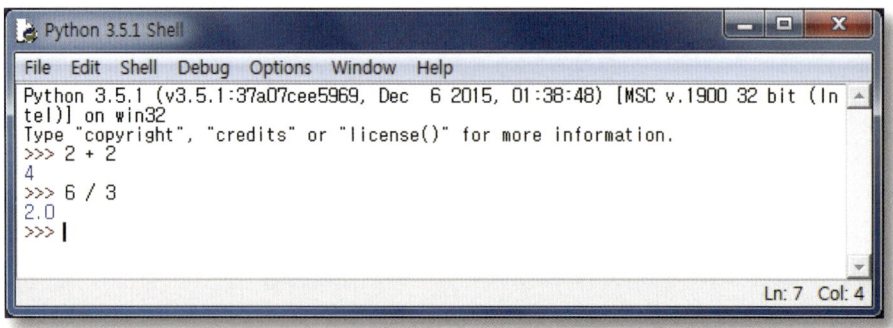

3. 작성한 코드를 파이썬(.py) 파일로 저장하고 실행할 수 있습니다.
앞에서 배운 대로 커멘드 라인에 코딩을 해서 바로 실행할 수 있습니다. 그러나 코딩이 길어지면 수정해야 할 일이 많아지기 때문에 문서 작업이 가능한 메모장 같은 형태의 환경에서 작성하면 더욱 편리합니다. 메뉴 File에서 New File을 실행하면 다음과 같은 새 창이 열리는데, 여기에 코딩을 작성합니다.

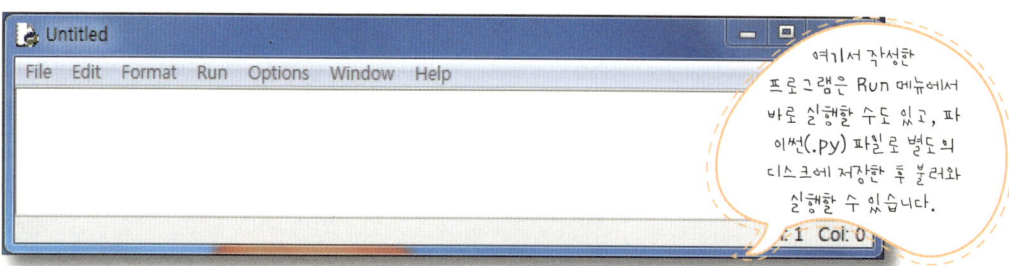

4. 설치가 잘 되었는지 확인해 보세요.

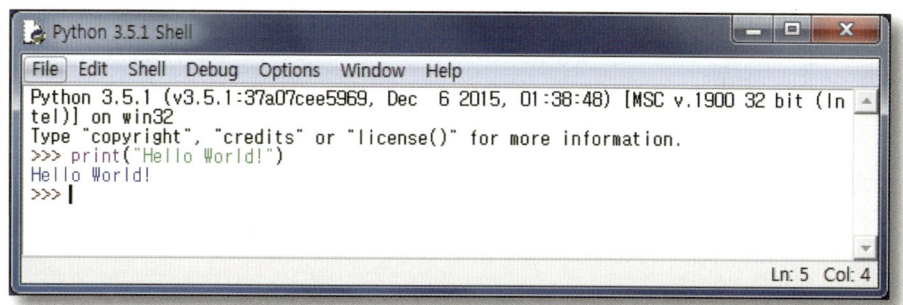

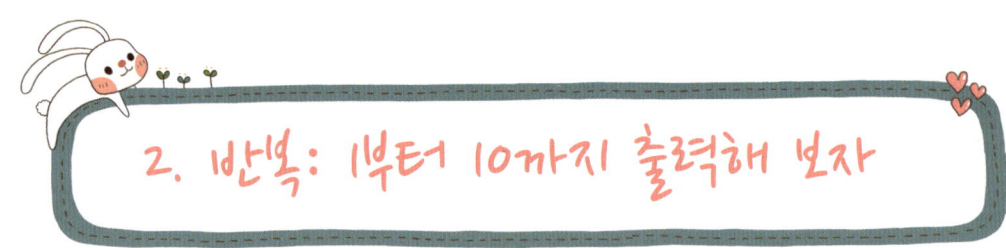

# 2. 반복: 1부터 10까지 출력해 보자

1️⃣ 파이썬에서는 # 표시로 주석을 처리합니다. 1부터 10까지 숫자를 출력하는 프로그램을 만들려고 합니다. 어떻게 작성해야 할까요? 먼저 우리가 앞에서 실습했던 print 명령어를 사용해서 작성하면 어떻게 될까요?

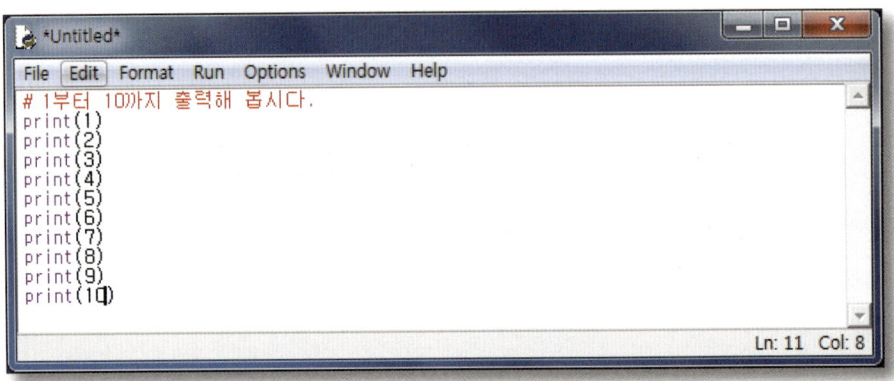

2️⃣ File 메뉴에서 Save를 선택하고, 파일명을 print1to10.py라고 저장합니다. 코딩 결과를 실행시키려면 F5 키를 누르거나, 메뉴 Run의 [Run Module]을 클릭하세요.

다음은 실행 결과입니다.

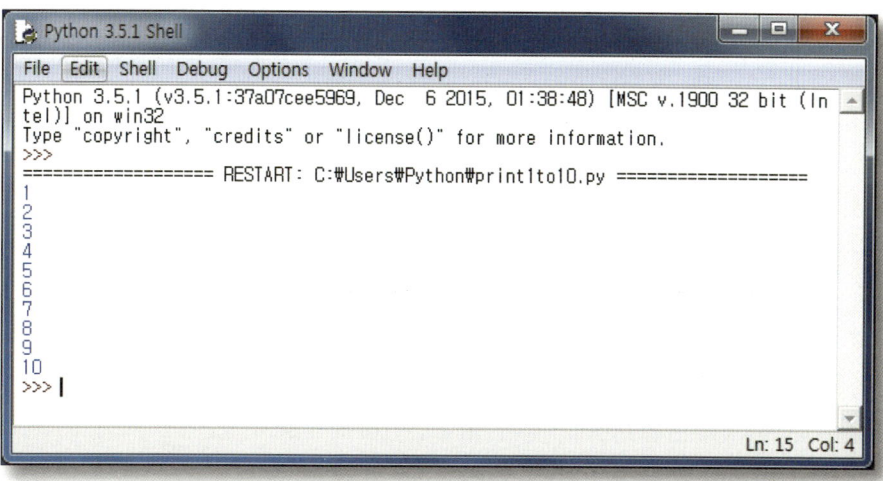

1부터 10까지 잘 출력되었습니다.

여기까지는 문제가 없어 보입니다. 그러나 이번에는 1부터 1000까지 출력하는 프로그램을 작성한다고 생각해 봅시다. print() 명령어를 1000번이나 반복해서 써야 하는 번거로움이 생깁니다. 1000번이 아니라 10만 번이나 100만 번의 출력이 필요한 경우라면 어떨까요? 상식적으로 10만 번, 100만 번 타이핑하는 방법은 효율적이지 않다는 것을 알 수 있습니다.

그렇다면 어떻게 할 수 있을까요?

모든 프로그래밍 언어에는 반복을 수행할 수 있는 명령어가 있습니다. 일반적으로 **for, while, do**와 같은 명령어들이 반복문이며, 이 중 파이썬에서는 **for**와 **while** 문 두 가지를 지원합니다. 그럼, 반복문을 이용해서 다시 1부터 10까지 출력하는 프로그램을 작성해 봅시다.

**3** File 메뉴에서 New를 선택하고, 다음 소스 코드 내용을 모두 입력합니다. 다시 File 메뉴 Save를 선택하고, 파일명은 print1to10loop1.py라고 저장합니다.

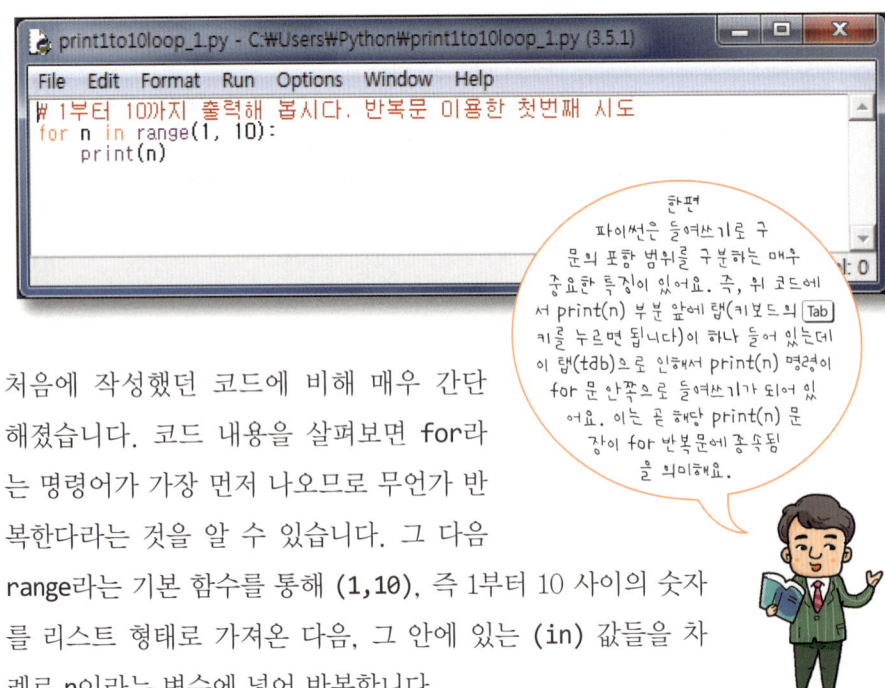

처음에 작성했던 코드에 비해 매우 간단해졌습니다. 코드 내용을 살펴보면 for라는 명령어가 가장 먼저 나오므로 무언가 반복한다는 것을 알 수 있습니다. 그 다음 range라는 기본 함수를 통해 (1,10), 즉 1부터 10 사이의 숫자를 리스트 형태로 가져온 다음, 그 안에 있는 (in) 값들을 차례로 n이라는 변수에 넣어 반복합니다.

4 자, 이제 F5 키를 눌러 위 프로그램을 실행해보도록 하겠습니다.

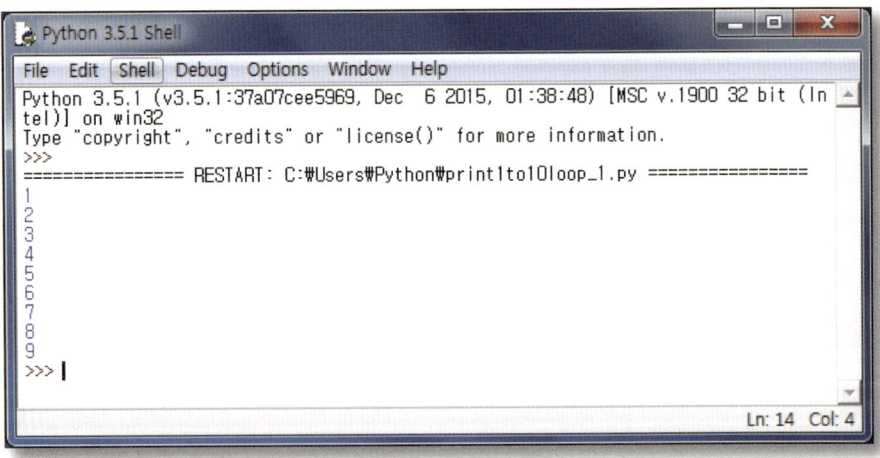

그런데 무언가 좀 이상합니다. 분명 range(1,10)이라고 지정해서 1부터 10까지 순서대로 변수 n에 넣고 print(n)을 반복했는데, 1부터 9까지만 나왔습니다. 무엇이 문제일까요?

원인은 range 함수의 범위가 가지는 의미에 있습니다. 좀 더 정확히 말하자면, range(1,10)은 1부터 10 사이를 의미하기는 하지만 <u>1 이상 10 이하가 아니라, 1 이상 10 미만을 의미</u>하는 것입니다. 그럼 올바르게 1부터 10까지 나오도록 하려면 1 이상 11 미만으로 (1<=n<11)로 range 함수 부분을 range(1,10+1)로 수정해야 합니다. range(1,11)이라고 표현해도 되지만 10+1처럼 사용한 것은 range 함수의 종료 값 표시가 종료 희망 값에 1을 더한 값과 같기 때문에 종료 희망 값이 얼마인지를 표현함으로써 프로그램을 읽기 편하게 하기 위해서입니다. 이렇게 해 두면 혹시라도 나중에 range 함수의 종료 값 특성을 잊더라도 다시 쉽게 기억할 수 있을 것입니다.

5 수정된 프로그램과 그 결과는 다음과 같습니다.

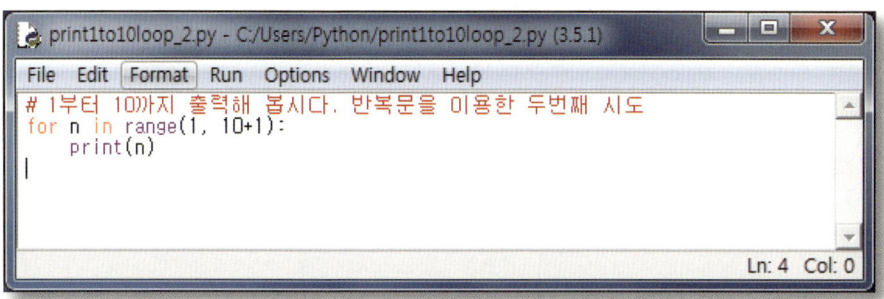

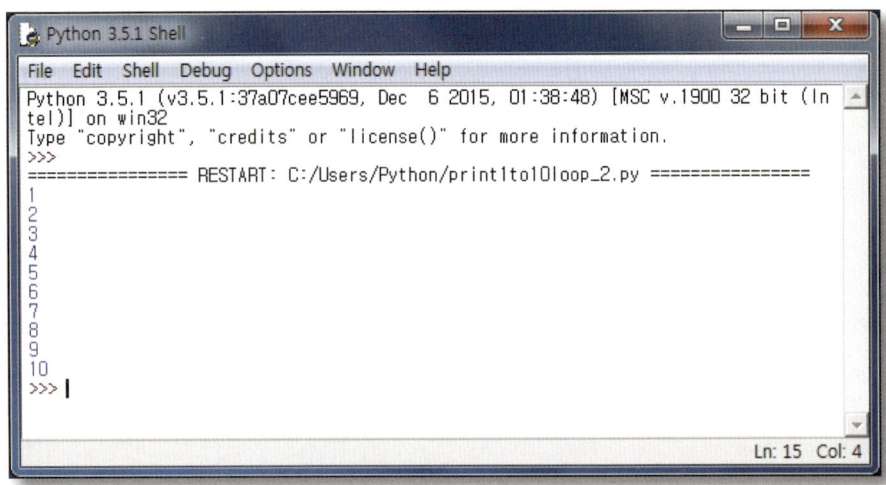

자, 여기까지 이해가 되었으면 100까지 인쇄하는 프로그램도 쉽게 작성할 수 있으리라 생각합니다. 단, range 종료 값을 지정할 때, 원하는 숫자보다 1만큼 더 해야 한다는 점을 꼭 기억하세요. 힌트: range(1,100+1)

- 주석은 코드 안에 사람이 알아보기 위해 표시하는 메모로, 코드로 인식되지 않아 실행되지 않습니다.
- 리스트(List)란 파이썬에서 기본적으로 제공하는 데이터 표현 형식(자료구조)입니다. 이름 그대로 여러 개의 값들이 목록화되어 있습니다.
  예) alist = { 1, 2, 5, "SJS", 3.0, "KJW" })

# 3. 연산 : 1부터 10까지 합을 구해 보자

이번에는 연산기호를 사용하여 프로그래밍을 하는 법을 알아봅니다. 덧셈, 뺄셈, 곱셈, 나눗셈 등과 같은 연산기호를 사용하면 계산기 프로그램도 만들 수 있습니다. 먼저, 간단하게 1부터 10까지 합을 구하는 프로그램을 만들어 봅니다.

1부터 10까지 합을 구하려면 1부터 10까지 변하는 숫자를 넣을 변수와 누적된 합계 값을 갖는 변수가 필요합니다.

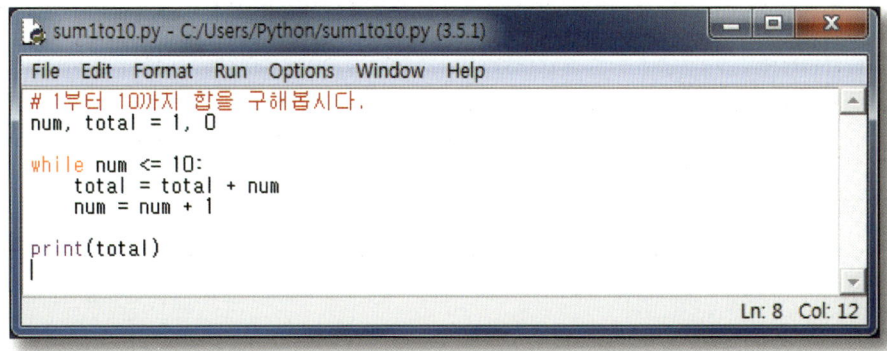

코드를 한 줄씩 해석해 봅니다.

# 1부터 10까지 합 구하기 ← 이 줄은 주석이므로 실행되지 않습니다.

num, total = 1, 0 ← 변수 num과 total을 만듭니다. num은 1에서 10까지 변하는 숫자를 저장하기 위한 변수이고, 초깃값은 1로 설정합니다. total은 계속해서 누적된 합계 값을 보유하는 변수이고, 초깃값은 0으로 설정합니다.

```
while num <= 10:          ← num이 10보다 작거나 같은 경우에만 반복합니다.
    total = total + num   ← total에는 num 값을 계속 누적시켜 더해 갑니다.
    num = num + 1         ← n을 1만큼 증가시킵니다.

print(total)              ← while 구문이 끝나면 (즉, 1부터 10까지 다 더한 후에는) 최종적으
                            로 total을 출력합니다.
```

코드 작성을 마쳤으면 파일을 저장합니다. 여기에서는 파일명을 sum.py로 저장하였습니다.

코딩 결과를 실행시키려면 F5 키를 누르거나, 메뉴 Run의 [Run Module]을 클릭하세요. 그러면 다음과 같이 Shell 창이 뜨면서 결과를 보여 줍니다. 아래 보이는 결과는 1부터 10까지 더한 합의 결과인 55를 보여주고 있습니다.

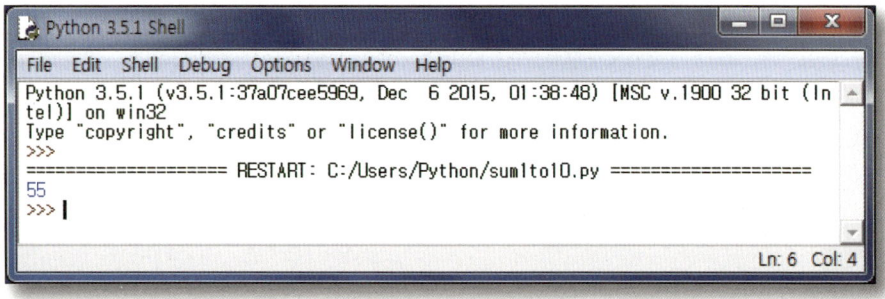

### 더 생각해 보기

위에서 작성한 코드의 들여쓰기를 다음과 같이 수정한다면 결과가 어떻게 달라질까요?

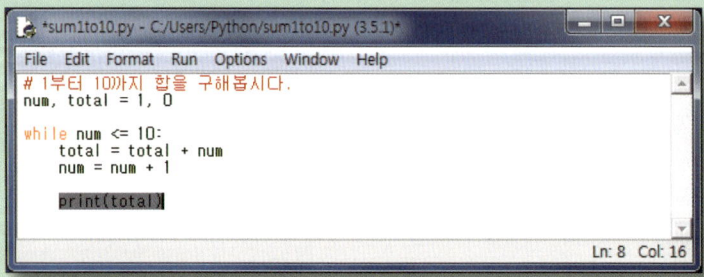

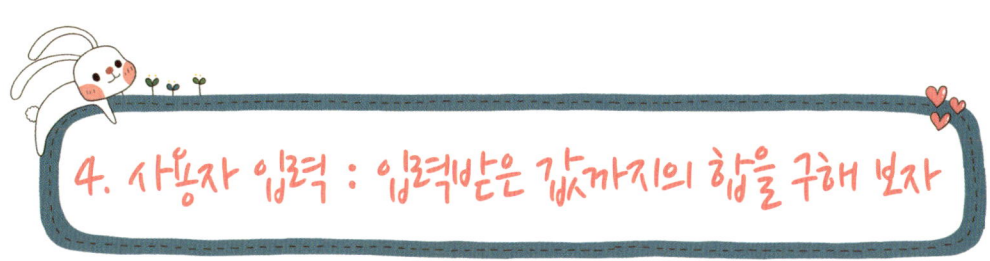

## 4. 사용자 입력 : 입력받은 값까지의 합을 구해 보자

컴퓨터가 사용자에게 질문을 하고 사용자가 답한 값으로 연산 결과를 출력하는 대화형 프로그램을 만들면 프로그래밍이 더욱 재미있습니다. 이번에는 앞에서 배운 합계 프로그램을 응용하여 사용자로부터 값을 입력받고, 1부터 사용자가 정해 준 값까지 합한 값을 보여 주는 프로그램을 만들어 봅니다.

사용자로부터 입력 값을 받기 위해서는 input() 함수를 사용합니다. 이 함수를 사용하면 사용자로부터 입력받은 값을 전달해 주는데, 전달받은 값을 변수에 넣어 사용하면 됩니다. 여기서 주의할 점은 파이썬은 사용자로부터 입력받은 값을 문자로만 인식한다는 겁니다. 그래서 1, 2, 8과 같이 사용자가 숫자를 입력해도 숫자처럼 보이기는 하나 숫자가 아니라 문자로 처리되기 때문에 바로 연산을 수행할 수 없습니다.

그러면 어떻게 할까요? 문자를 숫자로 바꿔 주는 함수를 사용하면 숫자로 사용할 수 있습니다. 아래 코드를 잘 읽어 보고 실행해 봅니다.

```
# 1부터 x까지의 합 구하기      ← 주석은 실행되지 않습니다.
num, total = 1, 0

ans = input("1부터 누적해서 더한 결과를 보여 주는 프로그램입니다. 얼마까지 더하기 원하십
니까? 숫자를 입력해 주세요.")
```
← 사용자로부터 얼마까지 더할지 숫자 값을 입력받습니다.
변수=input("안내문구...")
이렇게 입력을 받은 값은 컴퓨터 내부적으로 문자열로 인식됩니다. 즉, 사용자가 10을 입력해도 컴퓨터는 숫자 10이 아닌 글자 10으로 이해합니다.

```
ans = int ( ans )              ← 문자로 인식한 값을 숫자로 변환합니다. int는 정수
                                  (integer)를 의미하며 문자 값을 연산이 가능한 정수 형태
                                  의 숫자 값으로 변환합니다.
while num <= ans:              ← 여기부터는 앞에서 배운 내용과 동일합니다.
    total = total + num
    num = num + 1
print(total)
```

### 더 생각해 보기

연산 기호에는 어떤 것들이 있는지 알아봅시다.

| 연산자 | 의미 | 예 |
|---|---|---|
| + | 더하기 | 10+9=19 |
| - | 빼기 | 8-5=3 |
| * | 곱하기 | 2*9=18 |
| ** | 제곱 | 2**5=32 (2의 5제곱) |
| / | 나누기 | 17/4=4.25 |
| // | 나누기의 몫 | 17//4=4 (17/4했을때 몫) |
| % | 나누기의 나머지 | 17%4=1 (17/4했을때 나머지) |

사칙연산 +, -, *, / 이외에 **, //, %와 같은 것들을 잘 기억해 두세요.

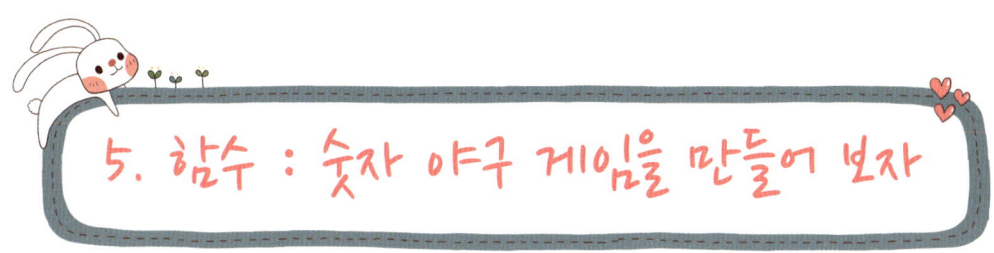

# 5. 함수 : 숫자 야구 게임을 만들어 보자

숫자 야구 게임은 2명이 하는 숫자 알아맞추기 게임으로, 한 명이 문제를 내고 다른 한 명이 정답을 맞추는 방식으로 진행됩니다.

**1** 문제를 내는 사람은 '출제자'이고, 문제를 맞추는 사람은 '답변자'라고 하고 게임의 진행을 생각해 봅니다.

① 먼저, 출제자는 임의의 숫자 3개를 생각합니다. 각각의 숫자는 0~9 사이의 숫자이며, 서로 중복되면 안 됩니다.
올바른 예) 153, 852, 982, 472, 730
잘못된 예) 696, 111, 355, 282, 133

② 출제자는 자신이 생각한 수(진짜 정답)를 답변자에게 알려 주지 않습니다. 그리고 답변자는 무엇이 정답일지 자신도 숫자 3개를 추측해 만들어 답변합니다. 당연히 답변자가 추측하는 숫자도 서로 중복되지 않는 0~9 사이의 숫자 3개로 만들어야 합니다.

③ 출제자는 자신이 생각한 숫자와 답변자가 말해 준 숫자를 비교하여 스트라이크/볼 판정을 하고, '몇 스트라이크, 몇 볼'이라고 결과를 알려 줍니다.
예) 2스트라이크, 1볼

④ 출제자의 스트라이크/볼/아웃 판정은 다음과 같은 규칙에 따라하며, 결과적으로 3스트라이크 판정이 되면 게임은 종료됩니다.

### ❖ 스트라이크 판정

출제자가 생각한 숫자(진짜 정답)와 답변자가 제시한 숫자의 <u>자리가 일치하고, 그 값이 일치할 때</u> 스트라이크입니다. 1개가 일치하면 1스트라이크, 2개가 일치하면 2스트라이크, 3개가 일치하면 모두 맞춘 것이므로 바로 3스트라이크가 되어 게임이 종료됩니다.

**예1)**

　　출제자가 생각한 숫자:　　7　<u>5</u>　2
　　답변자가 추측한 숫자:　　3　<u>5</u>　9
　　🟢 두 번째 자리에서 숫자 값 5가 일치하므로 1스트라이크입니다.

**예2)**

　　출제자가 생각한 숫자:　　<u>7</u>　5　<u>2</u>
　　답변자가 추측한 숫자:　　<u>7</u>　1　<u>2</u>
　　🟢 첫 번째 자리와 세 번째 자리에서 숫자 7과 2가 일치하므로 2스트라이크입니다.

**예3)**

　　출제자가 생각한 숫자:　　<u>7</u>　<u>5</u>　<u>2</u>
　　답변자가 추측한 숫자:　　<u>7</u>　<u>5</u>　<u>2</u>
　　🟢 첫째, 둘째, 셋째 자리에서 숫자가 모두 일치하므로 3스트라이크이고, 정답을 맞춘 것이므로 종료가 됩니다.

❖ **볼 판정**

출제자가 생각한 숫자와 답변자가 제시한 숫자가 같은 자리가 아닌 <u>다른 자리에서</u> <u>그 값이 일치할 때</u> 볼입니다. 다른 자리에서 1개가 일치하면 1볼, 2개가 일치하면 2볼, 3개가 일치하면 3볼이 됩니다.

예1)

　　출제자가 생각한 숫자:　　7　<u>5</u>　2
　　답변자가 추측한 숫자:　　<u>5</u>　1　9

　　➡ 숫자 5가 출제자의 숫자에서는 두 번째 자리에 있고, 답변자의 숫자에서는 첫 번째 자리에 있으므로, 다른 자리에 있지만 값이 같으므로 1볼입니다.

예2)

　　출제자가 생각한 숫자:　　<u>7</u>　5　<u>2</u>
　　답변자가 추측한 숫자:　　3　<u>2</u>　<u>7</u>

　　➡ 숫자 7의 경우, 출제자의 숫자에서는 첫 번째 자리에 있고, 답변자의 숫자에서는 세 번째 자리에 있습니다. 자리는 다르지만 값이 일치하므로 +1볼
　　숫자 2의 경우, 출제자의 숫자에서는 세 번째 자리에 있고, 답변자의 숫자에서는 두 번째 자리에 있습니다. 역시 자리는 다르지만 값이 일치하므로 +1볼 종합 2볼입니다.

예3)

　　출제자가 생각한 숫자:　　<u>7</u>　<u>5</u>　<u>2</u>
　　답변자가 추측한 숫자:　　<u>5</u>　<u>2</u>　<u>7</u>

　　➡ 숫자 7의 경우, 출제자의 숫자에서는 첫 번째 자리에 있고, 답변자의 숫자에서는 세 번째 자리에 있습니다.
　　숫자 2의 경우, 출제자의 숫자에서는 세 번째 자리에 있고, 답변자의 숫자에서는 두 번째 자리에 있습니다.

숫자 5의 경우, 출제자의 숫자에서는 두 번째 자리에 있고, 답변자의 숫자에서는 첫 번째 자리에 있으므로 종합하면 3볼입니다.

3볼이 의미하는 것은 일단 정답(출제자가 생각한 숫자)을 맞추기 위해 사용되는 숫자 3개가 무엇인지는 확실히 파악되었지만, 그 순서만 틀렸다는 의미를 지닙니다.

### ❖ 스트라이크와 볼의 복합 판정

스트라이크 판정과 볼 판정이 모두 나오는 경우도 있습니다.

**예1)**

출제자가 생각한 숫자:　7　3　0
답변자가 추측한 숫자:　5　3　7

➲ 숫자 7의 경우, 출제자의 숫자에서는 첫 번째 자리에 있고, 답변자의 숫자에서는 세 번째 자리에 있으므로 1볼입니다.

숫자 3의 경우, 출제자의 숫자에서는 두 번째 자리에 있고, 답변자의 숫자에서도 두 번째 자리에 있으므로 1스트라이크입니다.

이를 종합하면 최종 판정은 1스트라이크 1볼입니다.

**예2)**

출제자가 생각한 숫자:　7　3　0
답변자가 추측한 숫자:　0　3　7

➲ 숫자 7의 경우, 출제자의 숫자에서는 첫 번째 자리에 있고, 답변자의 숫자에서는 세 번째 자리에 있으므로 1볼입니다.

숫자 3의 경우, 출제자의 숫자에서는 두 번째 자리에 있고, 답변자의 숫자에서도 두 번째 자리에 있으므로 1스트라이크입니다.

숫자 0의 경우, 출제자의 숫자에서는 세 번째 자리에 있고, 답변자의 숫자에서는 첫 번째 자리에 있으므로 2볼입니다.

이를 종합하면 최종 판정은 1스트라이크 2볼입니다.

**2** 숫자 야구 게임을 어떻게 프로그래밍할지 생각해 봅니다.

숫자 야구 게임을 프로그래밍할 때 출제자와 답변자를 누구로 정할 것이냐에 따라서 프로그램이 크게 달라집니다. 출제자가 컴퓨터(프로그램)이고 사용자(사람)가 답변자인 경우에는 판정 결과를 컴퓨터가 알려 줍니다. 반면, 답변자가 컴퓨터(프로그램)이고 사용자(사람)가 출제자인 경우에는 사용자(사람)가 판정 결과를 입력해서 컴퓨터에게 알려 주어야 합니다.

자, 우리가 만들 프로그램은 컴퓨터(프로그램)가 출제자가 되고 사용자(사람)가 답변자가 되도록 작성합니다. 이제, 사용자(사람)가 컴퓨터(프로그램)가 생각하고 있는 숫자를 맞추어 봅시다.

프로그램의 흐름은 다음과 같이 이루어집니다.

① 프로그램이 시작(실행)되면 숫자 야구 게임이 시작되었음을 알리는 문구를 출력합니다.
② 임의의 숫자 3개를 순서대로 만듭니다. 단, 3개의 숫자는 서로 중복되면 안 됩니다.
③ 이제 사용자(답변자)로부터 3자리 숫자를 차례대로 입력받습니다.
④ 앞의 ②에서 만들어 둔 숫자와 사용자로부터 입력받은 숫자를 차례대로(자릿수대로) 비교하여 스트라이크와 볼 판정을 한 후, 사용자(답변자)에게 알려 줍니다.
⑤ 만약, 3스트라이크이면 "축하합니다. 정답입니다."를 출력합니다.

**3** 숫자 야구 게임을 프로그래밍해 봅니다.

숫자 야구 게임에서는 컴퓨터가 문제를 만들기 위해 임의로 숫자를 생성해야 합니다. 임의의 숫자를 난수(랜덤 값)라고 하며, 난수를 생성하기 위해서는 다음과 같이 선언을 합니다.

아래 코드의 의미는 난수를 만들 수 있는 '이미 만들어져 있는 함수 모음을 가져다 쓰겠다'는 의미입니다.

```
import random
```

함수란 어떤 입력 값이 들어가면 그 입력 값으로 함수 내에 정의한 연산을 수행하고, 그 결과 값을 돌려주는 코드 블록입니다. 입력 값이 없이 특정 함수를 호출할 수도 있습니다.

예를 들어, 아래와 같은 함수의 경우 함수 이름은 sampleFun이며, 괄호 안의 값이 입력 값입니다. 예시에서는 입력 값이 두 개가 있습니다. 그리고 함수 마지막에 nums 변수를 return하도록 되어 있으므로, 이 함수를 호출하면 입력 값 1과 입력 값 2를 이용하여 함수 내에 정의된 연산을 통해 결과 값을 돌려줍니다.

```
def sampleFun(입력 값 1, 입력 값 2):
        ..(중간 생략 : 입력 값 1, 2를 바탕으로 함수의 고유 기능 수행)...
        return nums    # 결과 값 리턴
```

앞에서 우리는 이미 파이썬 함수를 배웠습니다. range도 하나의 함수입니다. 또 어떤 함수가 있을까요? 바로 print입니다. 설명을 쉽게 하기 위해 명령어라고 하였지만 사실상 print도 파이썬에서 기본적으로 제공하는 함수입니다.(파이썬 3.x 버전으로 변경되면서 print가 함수가 되었습니다.) 우리는 range 함수와 print 함수의 내부 구현이 어떻게 되어 있는지 알 수는 없지만, 어떤 입력 값을 넣으면 어떤 결과가 나오는지 다음과 같이 정리해 볼 수 있습니다.

```
def range(시작 값, 종료 값):
    ..(시작 값 이상 ~ 종료 값 미만의 정수 리스트 생성)...
    return 생성한_리스트

def print( 인쇄할 것 1, 인쇄할 것 2, ..., 인쇄할 것 n ):
    ..( 화면에 인쇄할 것 1 ... 인쇄할 것 n 출력 기능 구현)...
    #리턴 값 없음
```

자, 함수에 대해 알아보았으므로 자주 사용하거나 복잡한 연산 부분은 함수를 이용하여 별도로 구분하고 프로그램을 더욱 알아보기 쉽게 작성해 봅니다.

## 함수 해설 1 – generateNumbers( )

**기능:** 0~9 사이의 임의의 3자리 숫자를 중복 없이 만들어서 리스트로 생성
**입력:** (없음)
**출력:** 생성된 3자리 숫자가 들어 있는 리스트

서로 다른 숫자 3자리를 만들어 내는 함수를 만들어 봅니다.

앞에서도 배웠듯이 파이썬은 탭을 이용하여 코드 라인이 어디에 속할지를 구분합니다. 다음 예시의 경우, generateNumbers() 함수 안에 코드 라인이 속해야 하므로 모든 함수 내의 코드 라인은 앞 쪽에 탭 처리를 해야 한다는 사실에 주의하세요.

```
# 서로 다른 숫자 3자리를 생성하는 함수
def generateNumbers():
(  탭  )nums = [0] * 3
(  탭  )while True:
(  탭  )(  탭  )nums[0] = random.randrange(0, 10)   # 탭 2개인 친구들은 while 문 소속
(  탭  )(  탭  )nums[1] = random.randrange(0, 10)
(  탭  )(  탭  )nums[2] = random.randrange(0, 10)

(  탭  )if nums[0] != nums[1] and \
          nums[0] != nums[2] and nums[1] != nums[2]:
(  탭  )(  탭  )break

(  탭  )return nums
```

자, 그럼 코드를 한 줄씩 해석해 봅니다.

```
nums = [0] * 3
```

nums = [0] * 3은 무슨 의미일까요? *은 곱하기 연산자이므로, 무엇인가 3개를 만든다는 의미로 짐작될 것입니다. 그렇다면 [0]은 무엇을 의미할까요? 이것은 초깃값이 0인 리스트를 의미합니다. 리스트란 잠시 언급했듯이 연속된 것들의 집합이라고 할 수 있습니다. 여러 개의 값을 다루어야 하는 경우 일일이 변수를 개수만큼 만들어 사용해야 한다면 역시나 비효율적이지요. 따라서 리스트를 이용해서 효율적으로 데이터를 관리할 수 있습니다.

다음 그림을 보면 좀 더 쉽게 이해할 수 있습니다.

nums = [0] * 3이 실행되면 다음 그림과 같이 연속된 리스트가 구성됩니다.

| nums[0] | nums[1] | nums[2] |
|---|---|---|
| 0 | 0 | 0 |

리스트 변수 이름은 nums입니다. *3을 통해 리스트 안에 있는 요소를 3개로 늘렸습니다. 리스트 내의 각각의 요소는 인덱스 번호로 참조할 수 있습니다. 즉, nums[0], nums[1], nums[2]라는 형태로 인덱스를 달리하여 참조할 수 있습니다.

> 파이썬은 C, Java와 같이 0부터 시작하는 인덱스를 가지고 있습니다. 사람들은 보통 1부터 수를 세기 때문에 0부터 시작하는 컴퓨터의 인덱스가 어색할 수 있습니다. 그러나 "우리 파이썬, C, Java는 인덱스를 0부터 합시다."라고 약속이 되어 있기 때문에, 파이썬에서 첫 번째 인덱스 번호는 무조건 0이라는 사실을 꼭 기억하세요!

이제, 0~9 사이의 임의의 수를 3개 만들어 보도록 합니다.

```
while True:
(  탭  )nums[0] = random.randrange(0, 10)
(  탭  )nums[1] = random.randrange(0, 10)
(  탭  )nums[2] = random.randrange(0, 10)
```

while True: 이 부분은 무한 루프입니다. 여기서 무한 루프를 사용하는 이유는 뒤에서 설명하겠습니다.

nums[0] = random.randrange(0, 10) 코드 라인은 '첫 번째 리스트 요소 공간(num[0])에 0 이상 10 미만의 임의의 난수를 생성하여 넣음'을 의미합니다. 이전에 보았던 range 함수에서의 시작 값과 종료 값 규칙(시작 값 이상, 종료 값 미만)과 사용법이 같습니다.

마찬가지로 nums[1], nums[2]에도 0부터 10 미만의 임의의 난수를 넣는다는 의미입니다. 이로써 첫 번째 자리(인덱스 0), 두 번째 자리(인덱스 1), 세 번째 자리(인덱스 2)에 각각 0~9 사이의 난수가 들어갔습니다.

문제가 잘 출제되었을까요?

처음에 설명했던 숫자 야구 게임 규칙을 다시 한 번 떠올려 봅니다. 생성한 3개의 숫자는 서로 같으면 안 된다고 했던 것 기억나시나요? 지금 각각의 자리에는 0~9 사이의 난수가 임의로 들어갔기 때문에 중복되는 숫자도 들어갈 수 있습니다.

어떻게 중복을 막을 수 있을까요?

```
(  탭  )if nums[0] != nums[1] and nums[0] != nums[2] and nums[1] != nums[2]:
(  탭  )(  탭  )break
```

네, 그렇습니다. 바로 그 이유 때문에 앞에서 while True:라고 무한 루프로 만들었습니다. 즉, 위 if 문 코드에서 보듯이 숫자 3개가 서로 다 다른 숫자가 될 때에만 무한 루프를 빠져나오게 됩니다.

자, 이제 임의로 생성한 첫 번째 숫자(nums[0])와 두 번째 숫자(nums[1])가 서로 다르고, 첫 번째 숫자(nums[0])와 세 번째 숫자(nums[2])가 서로 다르고, 두 번째 숫자(nums[1])와 세 번째 숫자(nums[2])가 서로 다르면, 결과적으로 모든 숫자가 서로 다르다는 조건이 성립되겠지요. 그러면, 그 조건이 성립되었을 때 break라는 명령을 사용해서 중간에 반복문 루프를 탈출할 수 있습니다. break는 for 문에서도 당연히 사용할 수 있습니다.

```
return nums
```

마지막으로 생성한 임의의 숫자 3개가 담긴 리스트 변수 nums를 돌려주는 것으로 첫 번째 함수의 내용을 마치겠습니다.

참고

> break와 반대되는 continue라는 명령도 있는데 이는 반복문 루프 중간에 빠져나오는 것이 아니라, '다음'으로 넘어가게 하는 명령입니다. 예를 들어, 1부터 10까지 출력하는 프로그램을 생각해 봅시다. 반복 중간에 4만 출력하지 않고 넘어가려면 continue를 써서 처리할 수 있습니다.

## 함수 해설 2 – getAnswer( )

**기능:** 사용자로부터 3자리 숫자를 입력받아, 리스트로 만들고 결과를 돌려줌
**입력:** (없음)
**출력:** 입력받은 3자리 숫자가 들어 있는 리스트

```python
# 사용자(답변자)로부터 추측한 숫자를 입력받는 함수
def getAnswer():

    ans = input("정답을 맞춰 보세요 (3자리 숫자 입력) : ")

    # 입력 값이 문자열이므로 하나씩 잘라서 숫자로 변환합니다.
    a1 = int(ans[0])
    a2 = int(ans[1])
    a3 = int(ans[2])

    return [a1,a2,a3]
```

두 번째 함수를 살펴봅니다. 이제 함수의 구조가 눈에 쉽게 들어오나요? 그럼 한 번 함수 코드를 보고 생각해 봅시다. 앞의 예시 코드에서 함수의 이름은 무엇일까요? **getAnswer**입니다. 그러면, 함수의 입력 값은 무엇인가요? 여기서는 빈 괄호만 있으므로 입력 값은 없습니다. 마지막으로 함수의 반환 값은 무엇일까요? 정답은 리스트 (세 개의 요소로 구성된)입니다.

다시 설명하면, 이 함수의 역할은 사용자(답변자)로부터 숫자 3개를 차례로 입력받아 해당 숫자를 리스트로 만들어 반환해 주는 것입니다.

다음 코드 보겠습니다. 이미 한 번 만났던 코드 같은데요. 맞습니다. 사용자로부터 입력을 받는 코드입니다.

( 탭 )ans = input("정답을 맞춰 보세요 (3자리 숫자 입력) : ")

**input** 함수를 통해 입력받은 값은 문자열로 돌아온다라는 것을 꼭 기억하기 바랍니다. 만약, 사용자가 123이라고 입력을 하면, 컴퓨터는 이 값을 백이십삼이라는 숫자로 인식하는 것이 아니라 그냥 문자(글자) "1" "2" "3"이 연속되어 들어 있는 리스트로 인식합니다. (아래 참조)

| ans[0] | ans[1] | ans[2] |
|---|---|---|
| "1" | "2" | "3" |

따라서 문자를 숫자(정수)로 변환해야 내부적으로 숫자 값이 됩니다.

( 탭 )a1 = int(ans[0])
( 탭 )a2 = int(ans[1])
( 탭 )a3 = int(ans[2])

문자열을 정수로 변환하기 위해서는 기본적으로 파이썬에서 제공하는 함수인 int 함수를 이용합니다. 이제 변수 a1, a2, a3에는 사용자로부터 입력받은 값이 각각 숫자로 변환되어 들어갔습니다.

( 탭 )return [a1,a2,a3]

이제 사용자가 입력한 문자를 숫자로 변환했으니 반환하고 함수를 마칩니다. 반환할 때 a1, a2, a3을 '[ ]'으로 묶어 리스트로 만들어 돌려보냅니다. 참고로, [ ] 기호는 "나는 리스트다."라고 알려 주는 리스트의 전매 특허 기호입니다.

## 함수 해설 3 – strikeBallCheck( )

**기능:** 생성해 낸 정답 숫자와 사용자 입력 숫자를 비교해서 스트라이크와 볼 수 계산
**입력:** realAnswer #임의로 생성한 정답 숫자가 들어 있는 리스트
　　　userGuess #사용자가 추측해서 입력한 숫자가 들어 있는 리스트
**출력:** 스트라이크 발생 숫자와 볼 발생 숫자

```
# 스트라이크 및 볼 판정 함수
def strikeBallCheck(realAnswer, userGuess):

    strike_cnt, ball_cnt = 0, 0

    if (realAnswer[0] == userGuess[0]):
        strike_cnt = strike_cnt + 1

    if (realAnswer[1] == userGuess[1]):
```

```
            strike_cnt = strike_cnt + 1

    if (realAnswer[2] == userGuess[2]):
        strike_cnt = strike_cnt + 1

    if (realAnswer[0] == userGuess[1]) or (realAnswer[0] == userGuess[2]):
        ball_cnt = ball_cnt + 1

    if (realAnswer[1] == userGuess[0]) or (realAnswer[1] == userGuess[2]):
        ball_cnt = ball_cnt + 1

    if (realAnswer[2] == userGuess[0]) or (realAnswer[2] == userGuess[1]):
        ball_cnt = ball_cnt + 1

    return strike_cnt, ball_cnt
```

이번 함수는 숫자 야구 게임에서 가장 중요한 로직을 담고 있는 함수입니다. 바로, 스트라이크와 볼을 판정하는 함수입니다. 함수의 이름과 입력 값, 반환 값이 어떻게 되는지 아래 표와 같이 다시 한 번 정리해 봅니다.

| 구분 | 이름 | 설명 |
| --- | --- | --- |
| 함수명 | strikeBallCheck | 함수 이름 |
| 입력 값 | realAnswer | 출제자(컴퓨터)가 생성한 임의의 숫자 리스트 |
| | userGuess | 사용자(답변자)가 입력한 추측 숫자 리스트 |
| 리턴 값 | stike_cnt | 스트라이크 개수 |
| | ball_cnt | 볼 개수 |

함수 이름은 해당 함수의 기능을 예상하기 쉽도록 이름을 짓는 것이 좋습니다.

이제, 코드를 한 줄씩 살펴봅니다.

```
(  탭  )strike_cnt, ball_cnt = 0, 0
```

가장 먼저 할 일은 스트라이크와 볼의 개수가 몇 개나 되는지 세는 데 사용할 변수를 선언하고 초기화하는 일입니다. 항상 프로그램에서 변수의 선언과 초기화는 제일 먼저 하는 일 중의 하나입니다.

```
(  탭  )if (realAnswer[0] == userGuess[0]):
(  탭  )(  탭  )strike_cnt = strike_cnt + 1

(  탭  )if (realAnswer[1] == userGuess[1]):
(  탭  )(  탭  )strike_cnt = strike_cnt + 1

(  탭  )if (realAnswer[2] == userGuess[2]):
(  탭  )(  탭  )strike_cnt = strike_cnt + 1
```

스트라이크 판정의 핵심 알고리즘입니다. 3자리 숫자이므로 3번의 `if` 문이 등장합니다. `realAnswer[0]~[2]`에는 정답 숫자(컴퓨터가 임의로 생성했던 숫자)의 첫 번째부터 세 번째 숫자가 들어 있습니다. 앞에서도 이야기했듯이 리스트의 인덱스는 0부터 시작하므로, 만약 임의로 생성했던 숫자가 730이라면 `realAnswer[0]`에는 7(첫 번째 숫자)이, `realAnswer[1]`에는 3이, `realAnswer[2]`에는 0이 들어 있게 됩니다.

마찬가지로, userGuess[0]~[2]에는 사용자가 추측해서 입력한 숫자가 차례로 들어 있습니다. 그러므로 스트라이크 판정의 정의에 따라 정답 숫자와 사용자가 입력한 추측 숫자가 1) 해당 자리에서 2) 그 값이 같으면 스트라이크 카운트를 올려 주면 됩니다.

1) '해당 자리'란 인덱스가 서로 같은 것끼리 비교를 해야 한다라는 의미입니다. 즉, 첫 번째 숫자의 인덱스는 [0]이므로 realAnswer[0]과 userGuess[0]을 서로 비교해야 합니다. 같은 방식으로 realAnswer[1]과 userGuess[1]을 비교하고, realAnswer[2]와 userGuess[2]를 서로 비교합니다.

2) 이제 '해당 자리'끼리의 비교에서 그 값이 같은지 여부를 비교합니다. 즉, realAnswer[0] == userGuess[0]의 결과, 두 값이 같다면 자리 위치도 같고 값도 같은 것이므로 스트라이크라고 판정합니다.

아래 그림은 비교 개념도이며, 여기서 같음이 나오면 스트라이크를 의미합니다.

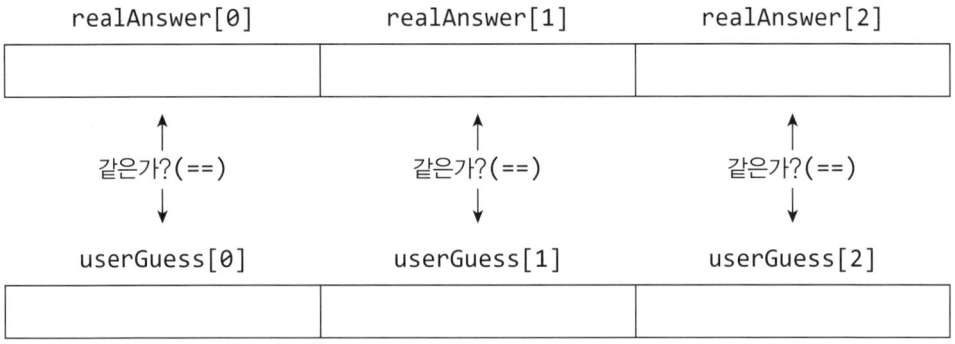

이를 코드로 옮기면 아래와 같이 표현됩니다.

```
(  탭  )if (realAnswer[0] == userGuess[0]):
(  탭  )(  탭  )strike_cnt = strike_cnt + 1
```

만일 정답 숫자의 첫 번째 자리 숫자와 추측 숫자의 첫 번째 자리 숫자가 같다면, 스트라이크 숫자를 하나 증가시킨다는 의미입니다.

이번에는 볼 판정 로직입니다.

```
if (realAnswer[0] == userGuess[1]) or (realAnswer[0] == userGuess[2]):
    ball_cnt = ball_cnt + 1

if (realAnswer[1] == userGuess[0]) or (realAnswer[1] == userGuess[2]):
    ball_cnt = ball_cnt + 1

if (realAnswer[2] == userGuess[0]) or (realAnswer[2] == userGuess[1]):
    ball_cnt = ball_cnt + 1
```

볼 판정은 앞의 게임 규칙에서도 설명했듯이, 1) 자리는 달라도 2) 그 값이 일치할 때 볼 카운트가 올라간다고 하였습니다.

1) 자리가 달라도 숫자가 같은지 비교하기 위해서는 상대 리스트의 모든 인덱스 값을 비교해야 한다는 의미입니다. 비교할 숫자의 자릿수가 3자리 숫자이므로 자기 자리가 아닌 자리는 두 곳이며 따라서 비교 대상이 두 개가 됩니다.

```
realAnswer[0]      ---- 비교 대상 1 ---      userGuess[1]
realAnswer[0]      ---- 비교 대상 2 ---      userGuess[2]
```

2) 비교 대상 간에 서로 값이 같은지 여부를 비교합니다. realAnswer[0] == userGuess[1]은 정답 숫자의 첫 번째 자리 숫자와 추측 숫자의 두 번째 자리 숫자를 비교하는 것을 의미합니다.

아래 그림은 정답 숫자의 첫 번째 자리 숫자를 추측 숫자들의 나머지 자리 숫자들과 비교하는 과정을 도식화한 것으로, 여기서 같음이 나오면 볼이 됩니다.

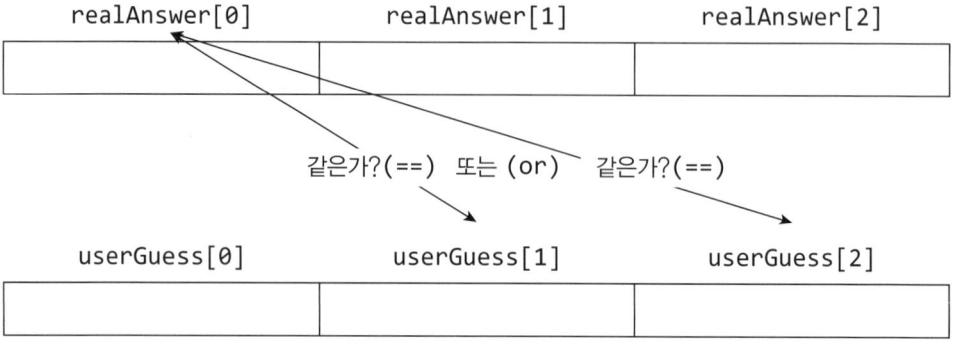

이를 코드로 옮기면 아래와 같이 표현됩니다.

```
if (realAnswer[0] == userGuess[1]) or (realAnswer[0] == userGuess[2]):
    ball_cnt = ball_cnt + 1
```

볼 판정을 위한 두 번째, 세 번째 숫자의 비교도 같은 원리로 작성할 수 있습니다.

## 메인 프로그램 해설

```
# 메인 프로그램 시작
# 시작 문구
print("=" * 40)
print()
print("만들면서 배웁시다. 숫자 야구 게임에 오신 것을 환영합니다.")
print()
print("=" * 40 )

# 임의의 3자리 숫자 생성 (출제자가 생각한 숫자로 이 값이 정답입니다.)
randomNumber = generateNumbers()

##print( randomNumber )

while 1==1:

    # 사용자의 추측 숫자 (답변) 입력받기
    guessNumber = getAnswer()

    # 스트라이크, 볼 판정 결과 받아 오기
    strike, ball = strikeBallCheck(randomNumber, guessNumber)

    print( strike, " 스트라이크 ", ball , "볼입니다." )

    # 3 스트라이크이면 무한 반복 종료
    if strike == 3:
        break

#종료 문구
```

```
print("=" * 40)
print()
print("축하합니다. 정답입니다.")
print()
print("=" * 40)
```

이제 메인 프로그램을 작성해 보도록 합니다. 순서는 이전에 설명한 대로 프로그램이 시작하면 문구를 출력하고, 임의의 3자리 숫자를 생성하고 사용자로부터 추측 숫자를 입력받아 스트라이크, 볼 판정을 하여 그 메시지를 출력합니다. 3스트라이크가 나오면 종료하며, 축하 메시지를 인쇄합니다.

```
print("=" * 40)
print()
print("만들면서 배웁시다. 숫자 야구 게임에 오신 것을 환영합니다.")
print()
print("=" * 40 )
```

이 부분은 프로그램을 처음 실행했을 때 화면에 보이는 안내 문구를 출력하는 코드입니다. 특별한 연산 없이 단순히 문자를 화면에 출력합니다. `print("=" * 40)`의 코드가 약간 특이하게 보일 수 있는데, 문자열에다가 곱하기(*)를 하면 해당 문자가 배수로 늘어난다고 생각하면 됩니다. 여기서는 '=' 문자가 40개 만들어지겠네요. 이러한 코드는 다른 언어에서는 보기 드문 형태로, 파이썬이 매우 직관적이고 쉬운 언어라는 것을 알 수 있습니다.

중간에 `print()`라고만 되어 있는 부분은 아무것도 인쇄하지 않고 공백을 차지하도록 만들어서 워드프로세서에서 '엔터' 두 번에 해당하거나 HTML의 `<br><br>`과 같은 개행 효과를 줍니다.

```
# 임의의 3자리 숫자 생성 (정답으로 사용할 숫자 생성)
randomNumber = generateNumbers()
```

앞에서 정의한 generateNumbers라는 함수를 메인 프로그램에서 호출하는 코드입니다. 이렇게 만들어진 숫자는 출제자인 컴퓨터가 생각한 숫자이면서 동시에 정답 숫자이기도 합니다. generateNumbers 함수는 입력 값이 없으므로 함수 이름 다음에 빈 괄호 () 형태로 호출합니다. 함수로 보내는 입력 값은 없지만, 일단 함수가 호출되면 함수 내부에서 임의로 중복되지 않은 숫자 3개를 생성해서 리스트로 리턴하도록 설계되어 있습니다. 따라서 함수에서 처리한 값을 받아 오게 되어 있는데, 이를 randomNumber라는 변수에 할당합니다.

> **프로그래머 Tip**
>
> 코드 라인이 길어지고 복잡해지면 프로그래밍을 하다가 중간중간 값이 잘 넘어오고 있는지 확인할 필요가 생깁니다. 또한 완성된 프로그램을 실행했을 때, 문법적 오류는 없으나 엉뚱한 결과 값이 나오는 경우도 있습니다. 그래서 변수 값이 코드 실행 단계마다 잘 연산되고 있는지를 확인하기 위해서 간단히 print를 이용합니다.

```
##print( randomNumber )
```

값을 확인하고 싶은 부분에 print 명령어를 넣어서 실행하면 현재 변수 값에 얼마가 들어 있는지를 알 수 있습니다. 그리고 추후에도 지속적인 확인을 하기 위해서 완전히 지우지 않고 '#' 기호로 표시해 두면 이 부분이 주석으로 처리가 되기 때문에 현재 변수 값 표시가 필요 없는 동안에는 이 부분이 실행되지 않습니다. 프로그램이 완전히 완성된 후에는 삭제하도록 합니다.

드디어 숫자 야구 게임 프로그램의 완성이 눈앞에 있습니다. 남은 코드를 살펴봅니다.

```
while 1==1:

    # 사용자의 추측 숫자 (답변) 입력받기
    guessNumber = getAnswer()

    # 스트라이크, 볼 판정 결과 받아 오기
    strike, ball = strikeBallCheck(randomNumber, guessNumber)

    print( strike, " 스트라이크 ", ball , "볼입니다." )

    # 3스트라이크이면 무한 반복 종료
    if strike == 3:
        break

print("=" * 40)
print()
print("축하합니다. 정답입니다.")
print()
print("=" * 40)
```

**while 1==1:** 코드를 살펴봅니다. **1==1**은 항상 참(True)인 명제이므로, **while 1==1:**은 무한 루프입니다. 그렇습니다. 앞에서 사용한 **while True:**와 같은 것입니다. 여기서는 다양한 표현이 가능하다는 것을 보여 주기 위해 이렇게 표현해 보았습니다.

무한루프 안에는 사용자(답변자)로부터 추측 값을 입력받고 스트라이크/볼 판정을 보여 주는 과정이 계속 반복됩니다. 이 숫자 야구 게임이 종료되는 조건이 성립되어야 무한 루프에서 빠져나올 수 있습니다. 그렇다면 어떤 조건이 필요할까요? 그렇습니다. 3스트라이크가 되면 게임은 종료됩니다. 그래서 while 루프 마지막에 보이는 if stirke==3: 부분이 바로 3스트라이크이면 탈출하라는 구문이 됩니다.

다시 정리하여 설명하면, 이 프로그램은 사용자로부터 숫자를 입력받아, 스트라이크/볼 판정을 하고 그 결과를 화면에 표시해 주는 것을 무한 반복하되, 어느 순간 3스트라이크가 되면 무한 루프를 나와서 종료하는 구조로 되어 있습니다.

```
# 사용자의 추측 숫자 (답변) 입력받기
guessNumber = getAnswer()
```

위 코드는 사용자로부터 추측한 숫자 값을 입력받는 부분입니다. 주요 기능은 이미 앞에서 설명한 getAnswer() 함수 내에서 이루어지고, 최종적으로 결과만 받아서 guessNumber 변수에 넣습니다.

```
# 스트라이크, 볼 판정 결과 받아 오기
strike, ball = strikeBallCheck(randomNumber, guessNumber)
```

이 부분도 마찬가지로, strikeBallCheck 함수에서 각각 생성해 낸 정답 숫자(randomNumber 변수 값)와 사용자로부터 입력받은 값(guessNumber 변수 값) 두 개를 스트라이크/볼의 판정 확인 함수로 넘겨서 스트라이크와 볼의 카운트 수를 받아와 각각 strike와 ball 변수에 넣습니다.

```
print( strike, " 스트라이크 ", ball , "볼입니다." )
```

앞에서 받아 온 카운트 값을 바로 출력합니다. print 함수에서는 소괄호 () 안에 출력할 여러 문자열들을 ',' 로 구분해서 나열하면 연속해서 출력할 수 있습니다.

```
    # 3스트라이크이면 무한 반복 종료
    if strike == 3:
        break

print("=" * 40)
print()
print("축하합니다. 정답입니다.")
print()
print("=" * 40)
```

자, 이제 최종적으로 strike 변수에 들어 있는 스트라이크 개수가 3이 되면 while 무한 루프를 탈출(break)하게 되고, 마지막으로 축하 메시지를 출력하고 숫자 야구 게임이 종료됩니다.

같다라는 것의 비교 연산자는 =이 아니라, ==입니다. 파이썬에서 = 기호는 어떤 값을 변수에 할당할 때 사용하는 기호입니다.

지금까지 작성한 코드를 모두 합한 전체 프로그램은 다음과 같습니다.

```python
# 만들면서 배웁시다. 숫자 야구 게임

# 난수 발생을 위해 다른 프로그램이 제공하는 기능을 가져다 씁니다.
import random



# 서로 다른 숫자 3자리를 생성하는 함수
def generateNumbers():
    nums = [0] * 3
    while True:
        nums[0] = random.randrange(0, 10)
        nums[1] = random.randrange(0, 10)
        nums[2] = random.randrange(0, 10)

        if nums[0] != nums[1] and \
            nums[0] != nums[2] and nums[1] != nums[2]:
                break

    return nums

# 사용자(답변자)로부터 추측 숫자를 입력받는 함수
def getAnswer():
    ans = input("정답을 맞춰 보세요 (3자리 숫자 입력) : ")

    #입력 값이 문자열이므로 하나씩 잘라서 숫자로 변환합니다.
    a1 = int(ans[0])
    a2 = int(ans[1])
    a3 = int(ans[2])

    return [a1,a2,a3]
```

```python
# 스트라이크 및 볼 판정 함수
def strikeBallCheck(realAnswer, userGuess):
    strike_cnt, ball_cnt = 0, 0

    #스트라이크 판정하기
    if (realAnswer[0] == userGuess[0]):
        strike_cnt = strike_cnt + 1
    if (realAnswer[1] == userGuess[1]):
        strike_cnt = strike_cnt + 1
    if (realAnswer[2] == userGuess[2]):
        strike_cnt = strike_cnt + 1

    #볼 판정하기
    if (realAnswer[0] == userGuess[1]) or (realAnswer[0] == userGuess[2]):
        ball_cnt = ball_cnt + 1

    if (realAnswer[1] == userGuess[0]) or (realAnswer[1] == userGuess[2]):
        ball_cnt = ball_cnt + 1

    if (realAnswer[2] == userGuess[0]) or (realAnswer[2] == userGuess[1]):
        ball_cnt = ball_cnt + 1

    #판정 결과 리턴
    return strike_cnt, ball_cnt

# 메인 프로그램 시작
print("=" * 40)
print()
print("만들면서 배웁시다. 숫자 야구 게임에 오신 것을 환영합니다.")
print()
```

```
print("=" * 40 )

# 임의의 3자리 숫자 생성 (출제자가 생각한 숫자로 이 값이 정답입니다.)
randomNumber = generateNumbers()

while 1==1:
    # 사용자의 추측 숫자 (답변) 입력받기
    guessNumber = getAnswer()

    # 스트라이크, 볼 판정 결과 받아 오기
    strike, ball = strikeBallCheck(randomNumber, guessNumber)
    print( strike, " 스트라이크 ", ball , "볼입니다." )

    # 3 스트라이크이면 반복 종료
    if strike == 3:
        break

print("=" * 40)
print()
print("축하합니다. 정답입니다.")
print()
print("=" * 40)
```

그럼, 게임을 한 번 즐겨볼까요? File 메뉴에 가서 Save 〉 number_baseball.py로 저장하고, 프로그램을 실행해 봅니다(F5).

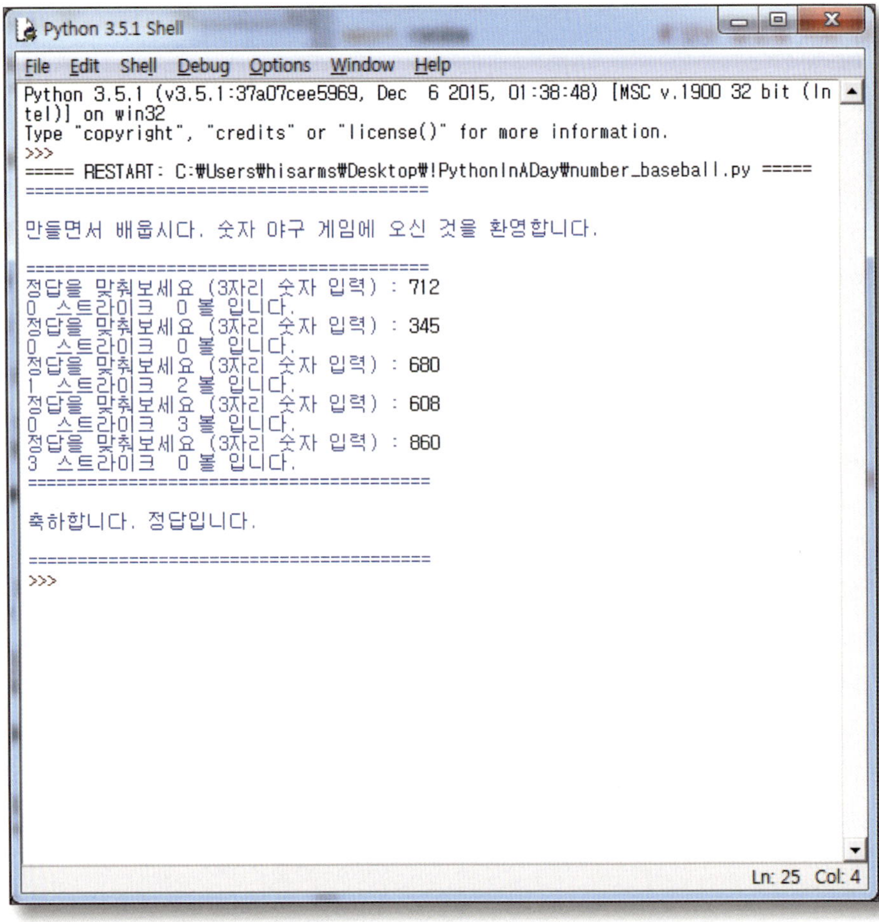

```
Python 3.5.1 Shell
File Edit Shell Debug Options Window Help
Python 3.5.1 (v3.5.1:37a07cee5969, Dec  6 2015, 01:38:48) [MSC v.1900 32 bit (In
tel)] on win32
Type "copyright", "credits" or "license()" for more information.
>>>
===== RESTART: C:\Users\hisarms\Desktop\!PythonInADay\number_baseball.py =====
========================================
만들면서 배웁시다. 숫자 야구 게임에 오신 것을 환영합니다.
========================================
정답을 맞춰보세요 (3자리 숫자 입력) : 712
0  스트라이크  0 볼 입니다.
정답을 맞춰보세요 (3자리 숫자 입력) : 345
0  스트라이크  0 볼 입니다.
정답을 맞춰보세요 (3자리 숫자 입력) : 680
1  스트라이크  2 볼 입니다.
정답을 맞춰보세요 (3자리 숫자 입력) : 608
0  스트라이크  3 볼 입니다.
정답을 맞춰보세요 (3자리 숫자 입력) : 860
3  스트라이크  0 볼 입니다.
========================================
축하합니다. 정답입니다.
========================================
>>>
                                                                Ln: 25 Col: 4
```

### 더 생각해 보기

1. 임의로 생성하는 숫자는 중복되지 않게 처리하였습니다. 그렇다면 사용자로부터 입력받는 숫자도 서로 중복되지 않아야 하는데 getAnswer( ) 함수에는 그런 처리가 누락되어 있습니다. 이를 수정해서 사용자가 서로 중복되지 않은 3자리 숫자를 입력할 수 있도록 해 보세요.

2. 세 자리 숫자 야구 게임을 4자리 또는 5자리 숫자 야구 게임으로 변형시켜 보세요. 이렇게 자릿수가 늘어나면 스트라이크/볼 판정 알고리즘이 어떻게 달라질지 생각해 보세요.

3. 게임 시작 문구와 게임 종료 문구 출력 부분을 함수로 만들어 처리해 보세요.

### 컴퓨팅 사고(Computational Thinking)와 프로그래밍은 어떤 관련이 있나요?

컴퓨팅 사고의 핵심은 추상화(abstraction)와 자동화(automation)입니다. 우리가 컴퓨팅을 한다는 의미는 인간의 행위와 사고, 그리고 그들 간의 복잡한 관계를 '정보'로 추상화하고 알고리즘을 통해 자동화 모델로 만드는 것입니다. 언제 올지 모르는 택시를 하염없이 기다리며 이런 생각을 해 보았을 겁니다.

'내가 필요할 때 내가 있는 곳으로 택시가 오게 하면 안 될까? 택시 기사는 검증된 사람이면 좋겠다.'

이 생각을 '정보'의 관점에서 바라보고 해결해 봅니다. 먼저 어떤 정보가 사용될까요? 택시의 위치, 운행 여부, 기사의 이름과 연락처, 사진, 이전 승객들이 남긴 그 기사에 대한 평가, 그리고 내 위치와 연락처, 목적지 등의 정보가 필요할 것입니다. 자, 그럼 이러한 정보들을 지도라는 공공 정보의 위에서 GPS를 기반으로 실시간으로 연결해 봅니다. 물론 인터넷과 스마트폰은 기본 인프라의 역할을 할 것입니다. 이제 내가 호출하면 자동으로 근처의 택시에게 연결이 될 것이고, 그 택시 기사의 안심 정보가 내게 전달될 것입니다. 그리고 그 택시의 움직임은 지도상에서 그대로 보여지고, 내 앞에 그 택시가 왔을 때 나는 타면 됩니다. 이것이 바로 정보 기반의 추상화이고 일 처리의 자동화입니다. 추상화와 자동화의 능력을 키워 주는 컴퓨팅 사고는 프로그래밍(코딩) 연습을 통해 길러집니다.

출처: 고대신문(2015. 10. 5.)

# 찾아보기

**객**체 141
관찰 50

**나** 자신 복제하기 60
난수 163
내장 객체 142
논리 연산자 118

**다**른 모양으로 바꾸기 45
답변자 159
대답 52
데이터 59
동작 42

**랜**덤 값 163
레이아웃 75, 98

**마**인크래프트 138
메소드 141, 142
모두 멈추기 62
모양 45
무한 루프 180
무한 반복하기 43

**반**복문 120, 123, 151
방향 57
배열 121
벽돌 깨기 54
변수 31, 35, 52, 110, 121

변수 만들기 59
복제되었을 때 61
복합 판정 162
볼 161
블록형 프로그래밍 언어 12
비교 연산자 115

**서**버 65
숨기기 50
숫자 야구 게임 159
스크래치 38
스크립트 41, 107
스트라이크 160

**알**고리즘 19, 23
엔트리 12
엔트리봇 15
연산 기호 158
웹 서버 71
웹 컨소시엄(W3C) 65
웹 호스팅 71
이벤트 42
인공지능 130
인수(argument) 127
임베디드 92

**자**바스크립트 106
제어 43
조건문 124

주석 72, 150

출제자 159

캔버스 136
코드 20
코딩 19
크롬 13, 14
클라우드 13
클라이언트 65
클래스 101
클릭했을 때 42
키를 눌렀을 때 56

투명도 21

파이썬 146
퐁 54
프레임 97

하이퍼링크 80
함수 126, 165
형태 45
홈페이지 96
회전 방식 44

bgcolor 79
break 168
CSS 68, 90

for 152
for 반복문 120

HTML 64
html5 86

if 문 114, 118
input() 157

print 150

random.randrange 167
range 152, 153
return 164

sampleFun 164
switch 문 118, 119

UTF-8 66

while 156
while True 167